나는
어떻게
성형미인이
되었나

나는 어떻게 성형미인이 되었나

강남 성형외과 참여관찰기

임소연 지음

2022년 11월 11일 초판 1쇄 발행

펴낸이 한철희 | 펴낸곳 돌베개 | 등록 1979년 8월 25일 제406-2003-000018호
주소 (10881) 경기도 파주시 회동길 77-20 (문발동)
전화 (031) 955-5020 | 팩스 (031) 955-5050
홈페이지 www.dolbegae.co.kr | 전자우편 book@dolbegae.co.kr
블로그 blog.naver.com/imdol79 | 페이스북 /dolbegae | 트위터 @Dolbegae79

편집 김진구·윤정숙
표지디자인 김민해 | 본문디자인 이은정·이연경
마케팅 심찬식·고운성·김영수·한광재 | 제작·관리 윤국중·이수민·한누리
인쇄·제본 한영문화사

ⓒ 임소연, 2022

ISBN 979-11-91438-90-1 (03330)

책값은 뒤표지에 있습니다.

나는 어떻게 성형미인이 되었나

강남 성형외과 참여관찰기

돌베개

임소연 ——— 지음

차 례

III

"질병을 생각한다는 것!—지금까지 그랬듯이, 적어도 질병 그 자체보다 자신의 질병에 대해 생각하느라 고통받지 않도록 병자들의 상상력을 가라앉히는 것—생각하건대, 이것은 대단한 일이리라! 이것은 훌륭한 일이리라!" (니체, 『서광』에서) 내 책의 목적 또한 이런 상상력을 부추기기보다는 가라앉히는 것이었다.

— 수전 손택, 『은유로서의 질병』, 138~139쪽.

온종일, 밤새도록 몸은 개입한다. (…) 그것은 몸이 산산조각 나고 영혼이 탈출했다고들 하는 피할 수 없는 재난이 올 때까지 변화, 열기와 차가움, 편안함과 불편함, 배고픔과 만족감, 건강과 아픔이라는 끝나지 않는 행렬을 거쳐야만 한다. 그러나 이 모든 일상적인 몸의 드라마에 대한 기록은 없다. 사람들은 항상 마음이 하는 일에 대해서만 글을 쓴다. 마음에 떠오르는 생각들, 마음의 숭고한 계획들, 그리고 어떻게 마음이 우주를 문명화해왔는가에 대해서만.

— 버지니아 울프, 「아프다는 것에 대하여」에서 발췌.

일러두기

- 이 책에 나오는 인물들의 이름은 필자와 외국인을 제외하고는 모두 가명이다.
- 필자가 참여관찰한 "청담 성형외과"는 편의상 부르는 가칭이다.
- 3부의 첫 번째 글 「성형수술을 고민하는 이들에게」는 『시사저널』(2013년 7월 9일), 46~47쪽에 게재된 글을 재편집해 실었으며, 3부의 두 번째 글 「포스트휴먼 시대의 에티켓」은 『에피』(2018년 4호)에 실린 「언캐니 밸리에 빠진 성형미인」의 내용 일부를 포함하고 있다.

성형수술과 내가 얽혀버린 이야기

근데, 언니, 사람들이 성형을 다 안다고 하지만 성형이 뭐야? 사랑처럼 정의할 수 없잖아. 답이 없는 거잖아. 답이 뭡니까? 물어봐. 뉴턴 하면 사과, 중력, 이러면 아는 것 같지만 성형은 오히려 그렇지 않잖아. 호기심을 끌어내야 해. 성형 하면 뭐 생각나세요? 호기심 자극해야 해.

과학기술학, 그러면 너무 어렵고 진부해.

언니가 성형의 정의를 내려. 그리고 그걸 과학기술학에 접목해. 정의를 내려. 언니가 정의하는 거야. 언니 발표 듣는 사람들 다 냉정한 사람들이잖아. 그럴 때는 감성에 호소하지 말고, 냉정하게 다가가. 뉴턴의 법칙은 감성적으로, 성형은 이성적으로.

새벽 3시 강남역 근처, 다행히 술집 대신 그 시간에도 문을 연 카페로 들어갔다. 한 실장과 나는 밀크티를 마시며 3차를 했다. "내 성격 알지? 난 한번 시작하면 끝을 봐야 해."

2차에서 우리는 이미 많은 이야기를 했다. 정확히 말하면 한 실장이 많은 이야기를 했고 나는 열심히 들었다. 한 실장이 울 때마다 나도 따라서 울컥했고, 한 실장이 웃으며 하는 말에 나 혼자 울컥하기도 했다. 어릴 때 이야기부터 시작해서 대학 때 이야기, 성형외과 상담실장이 되기까지의 이야기, 그리고 상담하며 겪은 이야기까지 이렇게 한꺼번에 개인적인 이야기를 듣기는 처음이었다.

그날 필드노트에 나는 "자연미인과의 대화"라는 제목을 붙여놓았다. 자연미인은 물론 한 실장을 지칭하는 말이다. 누군가는 한 실장이 틀림없이 성형을 했을 거라고, 자연미인일 리가 없다고 하지만 나에게는 그랬다. 대학에서 연극영화를 전공하고 잠깐 모델 일을 하다가 연예계 진출을 포기하고 성형외과 상담실장이 된 한 실장. 나는 한 실장이 일하는 성형외과에 새로 들어간 연구자이자 동료 직원이었다. 그리고 우리는 절친한 언니 동생 사이가 되었다.

카페로 자리를 옮기자 한 실장은 갑자기 나에게 질문을 던지기 시작했다. 익숙하지 않은 상황이다. 나에게 현장은 듣고 관찰하고 받아 적는 곳이지, 현지인들의 주목을 받으며 나서는 곳이 아니기 때문이다. 게다가 한 실장의 질문은 정확히 나의 연구를 향한 것이었다. "언니가 하는 일이 뭐야?" "언니 전공이 뭐야?" "무슨 이야기가 하고 싶은 거야?" 내 대답이 시원치 않았는지 한 실장은 비슷한 질문을 요리조리 돌려서 묻고 또 물었다. "글 쓰는 게 내 일이야." "과학기술학." "사람들이 성형은 다 안다고 쉽게 생각하지만 뉴턴[의 과학]은 이해하기 어렵다고 생각하잖아. 나는 성형도 뉴턴[의 과학]만큼 중요하다고 생각해. 성형에 대한 사회적 편견과는 다른 이야기를 하고 싶어." 어쩌다가 뉴턴을 떠올렸는지, 마지막 질문에 나는 이렇게 답해버렸다.

2년 넘게 성형외과에 있으면서 나는 왜 아직도 내가 여기서 무엇을 하는지, 무슨 이야기를 하고 싶은지 제대로 설명을 못 하는 것일까. 대답을 하면서도 이 상황이 불편하고 어색했다. 조금 전까지 친한 언니 동생으로 눈물 콧물 흘리면서 맥주잔을 부딪치다가 갑자기 연구자로 소환되어 내 전공과 연구를 설명하는 이 상황이 꿈처럼 느껴지기도 했다.

나는 성형수술을 연구하기 위해 2008년부터 2010년까지 강남의 한 성형외과(가칭 청담 성형외과)에서 참여관찰을 했으며 그곳에서 성형수술을 받았다. 그 3년은 나의 인생에 두 번 다시 오지 않을 아주 특별한 시간이었다. 나는 할 수 있는 한 청담 성형외과의 가장 내밀한 일에까지

11

참여하고자 애썼고 가장 가까이에서 관찰하고자 애썼다.

참여관찰은 2010년에 끝났지만 난 그곳을 온전히 떠난 적이 없다. 지금까지도 나는 청담 성형외과에서, 그리고 그곳에서 변한 나의 몸에서 완전히 벗어나지 못했다. 아마 앞으로도 그럴 것이다. 성형수술에 대한 이야기를 하기 위해서 나의 이야기를 하지 않을 수 없게 되어버렸다.

내 삶과 내 연구의 경계는 모호해진 지 오래고, 나는 그 경계를 다시 세울 수도 없고 다시 세우고 싶지도 않다. 나는 이 책에서 그 모호해진 경계를 그대로 보여줄 생각이다. 시간이 지나면서 아스라하게 바랜 로맨틱한 모호함이나 언제든지 다시 쓰일 수 있는 포스트모던한 모호함이 아니다. 드문드문 경계의 흔적이 있으되 보기 싫게 덧칠해진 곳도 있고 아예 뜯기기도 한 그런 엉망진창의, 돌이킬 수 없는 모호함이다. 그래서 이 책은 성형수술에 대한 이야기만도, 나에 대한 이야기만도 아닌, 성형수술과 내가 얽혀버린 이야기이다.

그날 새벽 한 실장의 조언은 이 책의 시작과 끝을 관통하는 화두다. 정의할 수 없는 성형에 대해서, 아니 성형에 대해 지금까지 정의 내려진 것과는 다른 나만의 이야기 쓰기. 이 이야기는 여성의 아름다움에 대한 이야기도, 성형산업의 어두운 이면을 폭로하는 이야기도 아니다. 호기심을 자극하되 감성에 호소하지 않기. 한국의 성형문화 중심지인 강남 성형외과와 성형하는 여성들에 대한 호기심에서 이 책을 집어들게 되더라도 그 뻔한 기대에 부응하지 않는 이야기를 쓰고 싶었다. 어렵고 진부한 과학기술학의 언어는 쓰지 않되 과학기술학을 접목하기. 각주와 참고문헌이 잔뜩 달린 긴 논문 같았던 초고를 뒤집어엎었다. 대신 알아보기 힘들 정도로 휘갈겨 쓴 수첩이나 냅킨 등을 펴놓고 최대한 당시 목격한 것들과 현장에서 느끼고 생각한 것들을 기록한 현장연구 일지를 다시 뒤져 최소한의 각색만 한 뒤 나만의 이야기를 써내려갔다. 부디 한 실장뿐 아니라 나를 그들의 세계와 얽히도록 도와주고 지켜봐준, 이 책의 등장인물들이 책을 누구보다 즐겁게 읽어주기를 바랄 따름이다. 그리고 이 책이 매개가 되어 그들의 세계와 독자의 세계가 부딪치고 연결되어 돌이킬 수 없이 얽히기를 바라며, 지금까지 어디에서도 꺼내놓지 않았던 나의 몸과 살, 그리고 기술에 관한 이야기를 시작해보고자 한다.

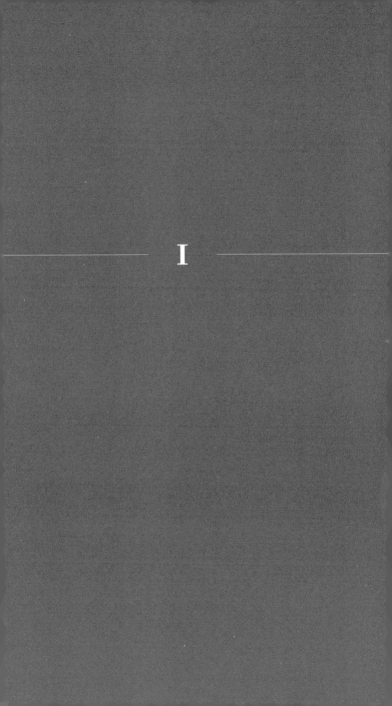

I

청담 성형외과에 들어가다

[청담 성형외과 임 코디가 되다 ────────────]

과연 청담동답다. 근처에 고급 호텔들과 수입차 전시장이 보이고 1층에는 아트 갤러리가 있다. 10층짜리 건물을 다 쓰다니 와… 건물 안으로 들어가는 출입문도 찾기 힘들다. 거대한 황금빛 문이 있기는 한데, 밀면 열리는 문인가? 저게 문은 맞나? 문 앞에서 머뭇거리자 근처에 있던 웬 양복을 입은 아저씨가 미소를 띠고 달려오더니 문을 열어주신다. 그분이 주차안내원이라는 것은 나중에 알았다.

엘리베이터를 타고 약속 장소인 10층에서 내리자 또 다른 세계가 펼쳐진다. 분명 환자가 대기하는 카페라고 들었는데 고급 이탈리안 레스토랑의 분위기다. 안내받은 창가 자리에서는 한강이 내려다보였다. 커피를 마시고 있으니 김 원장이 들어왔다. 우리는 통유리 벽으로 된 안쪽 방으로 자리를 옮겼다.

김 원장은 카리스마가 넘쳤다. 짧게 자른 머리, 가무잡잡한 얼굴, 건장한 체격, 캐주얼하지만 세련된 옷차림, 그리고 한쪽 귀의 귀고리까지. 동네 의원에서 보던 의사와는 전혀 달랐지만 성형외과 의사라니 어쩐지 잘 어울렸다. 다행히 김 원장은 내 현장연구에 호의를 보였다. 성형외과 경영을 위해서 나 같은 제3자의 시선이 필요할 수도 있겠다고 한다. 아, 그렇게 생각할 수도 있겠구나. 기간을 묻기에 1년 이상 생각하고 있다고 하자 살짝 놀라는 눈치다. 그러더니 그러면 아예 병원에서 일을 좀 하면서 관찰하는 것이 어떻겠느냐고 묻는다. 하루 종일 가만히 있는 것도 이상하고 다른 직원들도 불편할 수 있지 않겠느냐며. 이건 생각지도 못한 제안이다. 내가 성형외과에서 일을 하며 연구를 하게 되다니. 완벽한 시작이었다.

　　나는 지방에서 나고 자랐다. 하지만 대학 졸업 후 미국으로 유학을 다녀온 2년 정도를 제외하고는 20대 이후 줄곧 서울 사람으로 살았다. 그래도 서울은 늘 낯설다. 학교를 오래 다니고 대부분 학교와 가까운 곳에서 살다 보니 마음이 편한 곳은 역시 학교 근처의 동네였다.

　　그중에서도 강남구, 특히 청담동은 나에게는 너무나 낯선 동네였다. 그나마 친숙한 곳은 강남역 근처 정도였다. 신사동, 압구정동, 청담동 등에 가는 것을 좋아하기는 했지만 막상 가면 늘 불편하고 어색했다. 부자 동네. 진짜 세련된 서울 사람만 살 것 같은 곳. 특히 청담동의 이미지가 그랬다. 들어가볼 엄두도 안 나는 수입 명품점과 연예인들이 앉아 있을 것 같은 미용실이 있는 곳. 청담동, 신사동, 압구정동, 강남역 근처. 내 마음속 선망과 불편함의 순서다. 강남구의 수많은 성형외과가 주로 압구정동이나 신사동에 몰려 있는데, 내가 참여관찰을 한 성형외과는 청담동에 있었다. 현장연구 초기 내 필드노트는 청담동이라는 장소가 주는 부담감으로 가득하다.

청담 성형외과의 베테랑 상담실장이라니 김 원장을 만날 때만큼이나 긴장됐다. 왠지 옷차림에 더 신경을 써야 할 것 같아서 고민 끝에 블랙 스키니진에 흰 셔츠, 그리고 베이지색 베스트를 입었다. 조 실장의 첫인상은 역시 세련됨. 고급스럽고 우아한 분위기가 풍긴다고 할까. 항공사 승무원 출신이고 상담실장 경력이 13년이라고 한다. 다양한 분야의 지식을 배우는 것을 좋아해서 앞으로 나에게 많이 배우겠다고도 했다. 내가 병원 직원들에게 무언가를 교육할 수 있을 거라 기대하는 것 같다. 앞으로 친하게 지내자며 친근하게 다가왔다. 조 실장은 내가 미혼인지 묻고는 "어리고 순수해 보여 좋다"고 했다. 다행이었다. 미용의료과학기술이 의료현장에서 어떻게 사용되는지 보고 싶다고 하자 고객들을 가까이서 볼 수 있는 코디일을 해보는 게 어떻겠느냐는 제안을 했다. 나는 앞으로 청담 성형외과 경영지원부 소속의 코디다. 임 코디!!!

김 원장과의 미팅에서 현장연구가 결정되고 며칠 후 청담 성형외과에서 가장 경력이 오래된 상담실장 조 실장과 만나게 되었다. 그로부터 약 2주 후에 나는 첫 출근, 아니 첫 현장연구를 시작했다.

　　첫 출근 전 내 머릿속은 온통 어떻게 하면 촌스러워 보이지 않을지에 대한 생각뿐이었다. 일단 머리를 단발로 자르고 네일 컬러도 베이지 계열로 바꿨다. 백화점에서 검은색 치마 정장도 샀다. 성형외과 코디라니 백화점 안내 데스크의 직원이나 비행기 승무원처럼 단정하고 '여성스럽게' 보여야 할 것 같았다.

　　막상 첫날 가서 보니 정장을 입고 출근할 필요는 전혀 없었다. 간호사와 상담실장의 복장은 각양각색이었다. 간호사들은 의원에서 단체로 구입한 간호사복을 입고 상담실장들은 주로 개인 소유의 블랙 스커트에 블라우스 유니폼을 입게 되어 있었다. 검은색 정장 치마 위에 입고 갔던 베이지색 블라우스 대신 조 실장이 건네준 다홍색 블라우스로 갈아입었다. 일종의 유니폼이었다. 조 실장은 옷을 갈아입은 나에게 리셉션 데스크에 앉아 있으라고 했다.

　　리셉션 데스크는 성형외과를 방문한 환자가 가장 먼저 만나게 되는 '성형외과의 얼굴'과 같은 곳이다. 당연히 누가 봐도 예쁜 사람이 있어야 할 것이라 생각했다. 실제로 리셉션 데스크에 있었던 실장들이 그랬다. 의아했다.

아니 도대체 어떻게 이렇게 중요한 일을 나에게 맡기는 거지? 내가 과연 이곳의 '얼굴' 역할을 할 자격이 있는지, 행여 폐를 끼치는 것은 아닐지 걱정이 되었다. 물론 거부하지는 않았다. 현장의 일부가 되는 것이 당시 나에게는 절대 소명이었기 때문이다. 나에게 오는 기회는 무조건 잡아야 했다. 게다가 내심 내 외모가 괜찮나 싶어 기분이 좋기까지 했다. 인형처럼 예쁜 얼굴이 전부일 것 같았던 이곳이 꼭 그렇지 않다는 어떤 신호일 수도 있겠다는 생각이 들었다.

　　나중에 알게 되었지만 리셉션 데스크에 앉아 있는 것은 코디와 실장들의 기피 업무 중 하나였다. 언제 환자가 올지 모르니 계속해서 긴장하며 바른 자세와 표정을 유지하고 있어야 하기 때문이다.

[강남여자가 되다　　　　　　　　　　　　　　　　　　　]

　　현장연구 첫날, 청담 성형외과의 전 직원이 모인 아침 브리핑 회의에서 나는 서울대 대학원생이고 미용의료기술의 발전과 사용, 문화 등에 관한 박사학위 논문을 쓰려고 이곳에 왔다는 취지의 장황한 자기소개를 했다. 아무도 관심을 보이지 않고 아무도 눈조차 마주치지 않아 소개가 끝나자 뻘쭘하게 자리에 다시 앉았다. 그리고 그날 하루 너무나 어색했다! 종일 조용히 리셉션 데스크에 앉아 있는 것 말고는 할 일이 없었고 아무도 나에게 말을 걸어주지도 않았다. 물론 그런 어색함과 침묵의 시간이 그리 오래가지는 않았지만 말이다.

청담동이라는 장소가 나에게 주는 부담과 위화감, 그리고 동시에 갑자기 나타나 알 수 없는 연구를 한다는 나라는 존재가 병원 직원들에게 주는 부담과 위화감은 다행히 그리 오래가지 않았다. 나는 생각보다 훨씬 더 빨리 그들과 가까워졌다.

"임 코디, 이제 강남여자 같아. 많이 세련돼졌어. 그렇지 않아?"
퇴근 후 전 직원이 모여 병원 근처에서 회식을 하던 중 정 이사가 말했다.
"처음 병원에 왔을 때는 그렇게 촌스럽더니 이제 촌티를 좀 벗은 것 같아."
그제야 다들 웃기 시작했다.
"처음 봤을 때 아주 깜짝 놀랐다니까요."
"여기 오기 전까지는 자기가 예쁜 줄 알고 살았다는데요?"
한 실장과 손 팀장이 한마디씩 보태자 또 한바탕 웃음이 쏟아졌다.
오, 이게 말로만 듣던 '현지화'going native인가? 갑자기 모두의 웃음거리가 되어버린 순간 나는 이런 생각을 하고 있었다. 그동안 연구한답시고 갑자기 이 사람들의 일상에 들어와 있는 게 왠지 미안했었다. 그런데 그 미안함이 좀 가시는 느낌이었다. 나만 이들을 관찰하는 게 아니라, 이들도 나를 관찰하고 있었던 것이다.

　놀랍게도 강남에서 현장연구를 시작한 지 불과 두 달여 만에 나는 강남여자가 되었다! 사실 내가 겨우 두어 달만에 정말 강남여자처럼 세련되어졌는지는 모르겠지만 나에 대한 경계심이 많이 사라졌다는 것만은 확신할 수 있었다. 그날 나는 너무나 기뻤다! 그리고 나의 촌스러움은 현지에서 언제나 나의 자산이었다. 그것은 나를 강남여자와 구분해주는 것이기도 했으나, 또 청담 성형외과의 강남여자들과 나를 연결해주는 것이기도 했다.

　내가 서울대에서 공부하는 대학원생이라는 튀어 보이는 사실에 나의 촌스러움이 섞이면서 나라는 사람을 상당히 편한 존재로 중화시켜주었던 것 같다. 그래서인지 촌티난다거나 촌스럽다는 말이 전혀 모욕적이거나 기분 나쁘게 들리지 않았다. 청담 성형외과에서 현장연구를 하기 전까지는 내가 적당히 예쁘고 개성있다고 생각했었는데 그게 나의 착각이었나 싶기도 했다. 아무래도 상관없었다. 강남여자들과 친해질 수만 있다면 촌스럽다고 놀림을 받아도 좋았고, 강남여자로 인정을 받아도 좋았다.

'성형의 세계' 등장인물 소개

- 김 원장 ─ 40대 남성. 성형외과 전문의. 청담 성형외과 대표원장. 주로 보형물을 이용한 유방확대술과 코수술 등을 담당한다.

- 박 원장 ─ 40대 남성. 성형외과 전문의. 눈성형, 지방흡입 및 이식, 모발이식, 각종 주사시술 등을 주로 한다.

- 최 원장 ─ 40대 남성. 성형외과 전문의. 주로 양악수술이나 하악축소술과 같은 악안면골수술을 담당한다.

- 한 실장 ─ 20대 여성. 연극영화학과 출신의 상담실장. 주로 김 원장의 환자를 전담한다.

- 조 실장 ─ 30대 여성. 10여 년 경력의 상담실장. 청담 성형외과 이전부터 김 원장의 성형외과에서 일했다.

- 이 간호사 ─ 30대 여성 간호조무사. 이비인후과, 신경외과, 다른 성형외과를 거쳐 청담 성형외과에 들어온 경력 있는 간호조무사.

- 유 간호사 ─ 20대 여성 간호조무사. 대학에서 생물학을 전공해서 수술 자체에 관심이 많다.

- 신 간호사 ─ 20대 여성 간호조무사. 청담 성형외과를 그만두고 다른 성형외과에서 실장으로 근무하기도 했다.

- 손 팀장 ─ 30대 여성. 홍보 및 마케팅 업체에서 주로 근무하다가 청담 성형외과에 마케팅 담당자로 입사했다.

• 정 이사 ─ 40대 남성. 주로 업체나 온라인 커뮤니티를 대상으로
  하는 외부 홍보를 담당한다.

　　내가 하는 현장연구, 특히 참여관찰은 인류학자들이
주로 쓰는 방법이다. 그러나 나는 인류학 수업을 들은 적
이 없고 인류학적 연구방법론을 체계적으로 훈련받은 적
도 없다. 그저 인류학 연구 논문이나 책들을 읽고 인류학
방법론을 사용하는 선배 연구자들에게 구두로 노하우를
전해 들었을 뿐이었다. 그래서인지 오랫동안 현장연구를
시작하기가 두려웠다. 도대체 어떻게 해야 하는 것일까?
현지에 들어가기에는 내 공부가 부족하지 않을까? 그러다
가 의료 현장연구를 한 선배 연구자에게서 건너건너 김 원
장을 소개받는 바람에 엉겁결에 들어오게 된 현지였다.

　　무식한 나의 첫 번째 전략은 '관찰보다는 참여가 먼
저', '현지인들에 대한 연구보다는 현지인들과 좋은 관계
만들기가 먼저'였다. 당시의 나는 마냥 현지의 일부가 되
고 싶었다. 회식은 물론이고 삼삼오오 끼리끼리 모이는 술
자리에도 빠지지 않았다. '그들이 가는 곳이면 어디든 따
라간다'를 주문처럼 외우며 점심시간에 병원 직원을 따라
이름도 잘 모르는 수입브랜드 세일 행사에 갔다가 늦게 들
어와 혼이 나기도 했다. 금요일 퇴근 후 간호사들과 함께
일본행 비행기를 탔다가 월요일 아침에 여행 가방을 들고

다 같이 병원으로 바로 출근한 적도 있었다. 나는 때로는 의사들과, 때로는 상담실장들과, 때로는 간호사들과, 그리고 때로는 그들을 통해 만난 사람들과 함께 식당에서 밥을 먹고 술집에서 술을 마시고 노래방에서 노래를 부르고 클럽에서 춤을 추었다. 그렇게 나의 현장연구는 엉망진창이 되어갔다.

예쁜 얼굴의 기준은 무엇인가

[양악수술의 과학적 탄생 ──────────]

공교롭게도 내가 한창 현장연구를 하던 시기는 한국의 성형산업 패러다임이 대대적으로 바뀌던 시기였다. 2010년 전후 양악수술이 새로운 성형 트렌드로 부상했기 때문이다. 이즈음 남녀 연예인들의 양악수술 소식이 자주 보도되었고 신문에 이 수술을 소개하는 '기사처럼 보이는' 광고도 등장했다. 다행히 청담 성형외과는 이 수술의 실행을 가까이에서 목격할 수 있는 최적의 장소 중 하나였다.

우선 최 원장은 꽤 일찍부터 양악수술을 집도하고 연구해온 의사였다. 게다가 이 수술은 거의 대부분 치아교정을 동반하기 때문에 치과와의 협진이 필요한데 같은 건물에 치과병원이 입주해 있었다. 그래서 양악수술은 두 병·

의원의 전폭적인 지지를 받고 홍보되었다.

양악수술은 턱의 크기와 형태를 바꾸는 수술이다. 상악과 하악을 모두 재배치한다고 해서 양악수술이라고 불린다. 하악이 상악에 비해 크고 돌출되어 있으면 주걱턱, 반대로 하악이 지나치게 작거나 안쪽으로 들어가 있으면 턱이 없는 것처럼 보인다고 해서 무턱, 정면에서 봤을 때 턱이 크고 각이 도드라지면 사각턱이라고 한다. 사각턱의 경우 턱을 깎으면 영어 알파벳 V처럼 보인다고 해서 V라인이 이상적인 턱선으로 제시되곤 한다. 그렇다 보니 양악수술은 주걱턱수술, 무턱수술, 사각턱수술, V라인수술 등으로 불리기도 한다. 의학적으로 정확한 용어는 아니지만, 흔히 쓰이는 표현들이다. 어쨌든 전체적으로 달걀형의 얼굴이 되도록 부드럽고 작은 턱을 만들어주는 것이 미용을 목적으로 하는 양악수술의 목표라고 할 수 있다.

청담 성형외과에서 양악수술을 하는 이는 오직 최 원장뿐이었다. 그는 여러모로 독특했는데 김 원장이나 박 원장과 가장 달랐던 점은 상담 방식과 내용이었다. 보통 10여 분 정도면 끝나는 두 원장의 상담과는 달리 최 원장의 상담은 30분을 훌쩍 넘겼다. 쌍꺼풀 라인을 찝어서 거울로 보여준다든가, 코뼈를 만지면서 상담을 하는 두 원장과는 달리 최 원장은 환자의 얼굴에 집중하지 않는다. 대신 그는 환자의 얼굴 사진을 찍고 사진에 대해서만 이야기

한다.

최 원장 어떻게 오셨어요?

환자 살이 빠지니까 광대 밑이 꺼져서 지방이식을 하려고 했는데 앞광대가 문제라고 해서요.

(조명 장비를 켜고 환자를 상담실 벽의 흰색 스크린을 배경으로 앉게 한다. 디지털카메라로 얼굴의 정면과 측면을 촬영한 후, 바로 사진을 컴퓨터 모니터에 띄우고 상담을 이어간다.)

최 원장 이런 얼굴은 주의하셔야 돼요. (컴퓨터 모니터로 여배우 이모 씨와 손모 씨의 사진을 보여주며) 여기(코 밑에서 입 사이의 거리)와 여기(입에서 턱 끝까지의 거리)의 비율이 심하게는 1대2, 아니면 1대1.2~1.7 정도면 예쁜 얼굴로 보거든요. 아래(입에서 턱 끝까지의 거리)가 위(코 밑에서 입 사이의 거리)보다 길어야 예뻐 보인다는 거죠. (다시 환자의 정면 얼굴 사진을 보여주며) 그런데 지은 씨는 거의 1대1이고 가운데가 앞으로 쏠려서 볼록거울처럼 보이죠.

환자 (고개 숙이며) 어휴….

최 원장 코를 높이면 코가 더 길어 보여요. 누가 봐도 수술한 코거든요. 왜 그런지 설명해드릴게요. 코를 높일수록 얼굴이 더 볼록거울처럼 보여요. 얼굴이 더 길어 보인다는 얘기예요. 아까 본인이 앞광대가 문제라고 했는데 거기는 원래 주목받아야 하는 부위예요. 사람들은 무조건 튀어나온 게 문제라고 생각해요. 하지만 튀어나올 데는 튀어나오고 들어갈 데는 들어가는 게 정상이죠. (모니터로 안젤리나 졸리를 포함한 미국 여배우들 사진을 보여주며) 보시다시피 눈과 눈 사이에 코의 낮은 부분이 위치하는 게 자연스럽죠. 이렇게 코가 높은데도 자연스러워 보이는 경우는 다 코의 최저점이 미간 사이에 있는 경우예요.

(모니터로 여배우 이모 씨의 사진을 보여주며) 자, 이분 같은 경우 코가 못생겨도 예쁘게 보이죠. 그래도 연예인이니까 주위에서 '너 코 좀 어떻게 해봐라' 그러니까 이렇게 손을 댄 거예요. (코를 높이는 수술을 한 후의 이모 씨 사진을 보여주고 코 부분을 펜 끝으로 가리키며) 코의 낮은 부분이 올라가고 코가 더 길어졌어요. 전에도 예쁜 코는 아니었지만 얼굴에 크게 방해가 되는 코도 아니었지요. 그런데 이제는 눈에 더 띄는 코가 되어버린 거예요. 그래서 코의 보형물을 다시 뺐어요(코가 다시 낮아진 이모 씨의 사진으로 바뀐다).

환자 아…. (손뼉을 치며) 제 친구랑 저랑도 얼굴 길이가 똑같거든요. 그런데 제 얼굴이 더 커 보여요.

최 원장 (환자의 정면 얼굴 사진을 다시 보여주며) 코가 미간 위에서부터 시작하죠. 예뻐 보인다는 것의 의미를 잘 생각해야 돼요. 예뻐 보인다는 건 크게 두 가지를 의미하죠. 균형이 잘 맞고 어려 보인다는 거예요. 이 두 가지가 핵심 포인트예요. 웃을 때 윗니는 다 나오고 아랫니는 안 나와야 돼요. 지은 씨의 경우 입꼬리 당기는 근육이 더 들리게 웃어야 돼요. 지금도 말씀하실 때 아랫니가 많이 보여요.

최 원장 코에 넣은 거 빼세요. 예뻐지는 건 쉬운 일이 아니에요. 지금 얼굴이 엉망일수록 예뻐지기는 쉬워요. 반대로 지금 얼굴이 예쁘면 더 예뻐지기는 쉽지 않아요. (환자와 비슷한 임상례인 다른 환자들의 수술 전후 사진을 보여주며) 이분들이 지은 씨와 비슷한 케이스예요. 그런데 이렇게 변할 수 있었던 건 인중이 덜 자랐기 때문이죠.

(여배우 강모 씨의 사진을 보여주며) 인중이 긴데 양악을 하면 이렇게 할머니가 돼요. 얼굴이 기니까 볼이 빨리 꺼지는 거예요. 얼굴이 짧아지면 꺼진 부분도 다 채워져요. 그런데 안 그래도 긴 인중이 뼈를 줄이면 어떻게 되겠어요. 밑으로 더 처지겠죠. 그러면 인중이 더 길어져요. 수술을 통해 얻는 것과 잃는 것을 잘 따져봐야 돼요. 코야 넣은 걸 다시 빼면 되지만 양악은 되돌릴 수도 없어요. (환자 얼굴의 광대 살을 손가락으로 집고 거울로 보여주며) 지금 접히는 게 뼈는 아니죠? 광대를 자르면 이 살들이 더 처지는 거예요.

최 원장의 상담은 마치 짧은 강연 같다. 그는 책상 위의 컴퓨터 화면을 환자 쪽으로 돌려놓고 여러 사진 이미지들을 보여주며 상담을 진행한다. 흔히 예상하듯이 수술 전후 사진들을 늘어놓고 당신도 수술만 하면 이렇게 달라질

31

수 있다고 '유혹'하지 않는다. 상담 시간의 대부분은 어떤 얼굴이 예쁜 얼굴인지를 설명하는 데에 할애된다.

최 원장의 이론에 따르면, 아름다운 얼굴의 기준은 큰 눈이나 오똑한 코, 달걀 모양의 얼굴형이 아니라 얼굴의 전체적인 조화와 균형이다. 각 부위의 크기나 형태가 아니라 그것들 사이의 관계, 즉 비율이 중요하다. 그중에서도 눈썹과 코 밑에 수평선을 두 개 그었을 때 나타나는 세 공간의 비율이 중요하다. 이마부터 눈썹까지가 상안면부, 눈썹에서 코 밑까지가 중안면부, 그리고 코 밑부터 턱 끝까지가 하안면부다. 하안면부에서는 입술을 기준으로 인중과 턱 길이의 비율도 중요하다.

여기(코 밑에서 입 사이의 거리)와 여기(입에서 턱 끝까지의 거리)의 비율이 심하게는 1대2, 아니면 1대1.2~1.7 정도면 예쁜 얼굴로 보거든요. 아래(입에서 턱 끝까지의 거리)가 위(코 밑에서 입 사이의 거리)보다 길어야 예뻐 보인다는 거죠. 그런데 지은 씨는 거의 1대1이고 가운데가 앞으로 쏠려서 볼록거울처럼 보이죠.

예쁜 얼굴에서 인중의 길이가 중요하다는 사실은 최 원장의 상담에서 얻은 여러 새로운 깨달음 중 하나였다. 볼이 꺼져 보이는 것이 고민인 지은 씨의 얼굴에서 진짜 문제는 인중이었다니!

인중이 긴데 양악을 하면 이렇게 할머니가 돼요. 얼굴이 기니까 볼이 빨리 꺼지는 거예요. 얼굴이 짧아지면 꺼진 부분도 다 채워져요. 그런데 안 그래도 긴 인중이 뼈를 줄이면 어떻게 되겠어요. 밑으로 더 처지겠죠. 그러면 인중이 더 길어져요. 수술을 통해 얻는 것과 잃는 것을 잘 따져봐야 돼요.

인중이 짧을수록, 비율상 하안면부가 다른 두 안면부보다 짧을수록 미인으로 보인다. 인중이 길면 하안면부 비율이 길 수밖에 없어 미인으로 보이기 어렵다. 양악수술은 턱 길이를 줄여서 하안면부의 비율을 낮춰주지만 인중의 길이를 줄이는 수술은 없다. 지은 씨는 긴 인중 탓에 양악수술을 해도 큰 효과를 보지 못할 거라는 말을 들었다.

[눈과 코에서 입으로, 패러다임의 전환 ───────]

최 원장이 말하는 양악수술 패러다임에서 핵심은 그 무엇보다 미의 기준이 눈과 코에서 입으로 전환된다는 점에 있다.

예뻐 보인다는 것의 의미를 잘 생각해야 돼요. 예뻐 보인다는 건 크게 두 가지를 의미하죠. 균형이 잘 맞고 어려 보인다는 거예요. 이

두 가지가 핵심 포인트예요. 웃을 때 윗니는 다 나오고 아랫니는 안 나와야 돼요. 지은 씨의 경우 입꼬리 당기는 근육이 더 들리게 웃어야 돼요. 지금도 말씀하실 때 아랫니가 많이 보여요.

이것은 나에게 천동설에서 지동설로의 전환만큼이나 획기적인 패러다임 전환으로 보였다. 쌍꺼풀 진 큰 눈과 오똑하고 날렵한 코가 미인의 기준이 아니었던가? 그래서 성형수술이라고 하면 보통 쌍꺼풀수술과 코수술을 떠올리게 되고 실제로 국내 성형수술 환자의 대다수가 이 두 성형을 한다. 그러나 최 원장은 예쁜 얼굴의 핵심은 '구강구조' 혹은 '입매'라고 강조한다.

"대충 봐서 예쁜 얼굴이 예쁜 얼굴입니다." 눈, 코, 입 각각이 예쁜 것이 중요한 것이 아니라 그것들 사이의 관계에 기반한 얼굴의 전체적인 조화와 균형이 중요하다는 말이다. 최 원장은 이 말을 하고 나서 선글라스를 쓴 연예인들의 얼굴 사진을 여러 장 보여주었다. "자, 눈을 다 가렸는데도 이분들이 예쁜 이유는 뭘까요?"

최 원장은 눈성형에 대해서는 무심한 반면 코성형, 다시 말해 코에 보형물을 넣는 수술에는 매우 부정적이다.

코를 높이면 코가 더 길어 보여요. 누가 봐도 수술한 코거든요. (…) 코를 높일수록 얼굴이 더 볼록거울처럼 보여요. 얼굴이 더 길어 보인다는 얘기예요. (…) 보시다시피 눈과 눈 사이에 코의 낮은 부분이 위치하는 게 자연스럽죠. 이렇게 코가 높은데도 자연스러워 보이는 경우는 다 코의 최저점이 미간 사이에 있는 경우예요. 자, 이분 같은 경우 코가 못생겨도 예쁘게 보이죠. 그래도 연예인이니까 주위에서 '너 코 좀 어떻게 해봐라' 그러니까 이렇게 손을 댄 거예요. 코의 낮은 부분이 올라가고 코가 더 길어졌어요. 전에도 예쁜 코는 아니었지만 얼굴에 크게 방해가 되는 코도 아니었지요. 그런데 이제는 눈에 더 띄는 코가 되어버린 거예요.

최 원장이 코를 높이는 수술에 반대하는 이유는 중안면부의 길이와 관련이 있다. 코를 크고 길게 만들어 인상이 더욱 사나워지고 얼굴이 길어 보일 수 있기 때문이다. 뿐만 아니라 보형물 탓에 낮아야 할 미간이 높아지면서 코가 '사자코'처럼 부자연스러워 보인다는 점도 문제다.

패러다임 전환이 으레 그러하듯 눈과 코의 패러다임에서 입의 패러다임으로 넘어가는 데에는 미감이나 취향, 선호 등의 '비논리적' 요소 혹은 '외적인' 요소가 필수적이다. 최 원장의 설명은 과학적이었으나 그의 과학이 모든 환자를 설득해서 코의 보형물을 빼게 하거나 양악수술을 하게 하지는 않았다. 지은 씨와 같은 환자들 중 일부는 최 원장의 만류에도 다른 성형외과를 찾아가 지방이식을 받는다.

새로운 패러다임은 예전의 패러다임이 그러했듯 절대적으로 옳지 않으며 모든 이들에게 소구하지도 않는다. 여기에 더해 신新패러다임이 구舊패러다임을 완전히 대체하는 것도 아니다. 양악수술을 홍보하는 성형외과 의원이 많아지고 실제로 많은 이가 양악수술을 선택하지만 쌍꺼풀수술과 코수술은 여전히 가장 대중적인 성형수술이다. 입패러다임은 다른 여러 패러다임과 공존하고 때로는 경합하며 한국 사회의 성형산업을 유지시켜왔다.

[입 패러다임으로 개종하다]

내가 양악수술의 패러다임에 매료된 결정적인 계기는 최 원장이 코성형을 비판하는 방식에 있었다. 그는 한국인을 비롯한 아시아인들이 높은 코에 집착하는 문화가 "낮은 코가 얼굴의 매력을 감소시킨다는 잘못된 인식에서 비롯된 것"이라고 단언한다. 그는 코가 높아야 미인이라는 잘못된 인식이 일제식민지 시기부터 시작되었다고 봤다. 일찍이 서양인들과 교류했던 일본인들이 서양인들을 우상시한 나머지 자신들의 얼굴, 즉 동양인의 얼굴을 열등한 것으로 여겼고 그중에서 작은 눈과 낮은 코에 집착했던 것이다.

이 말을 듣는 순간 정신이 확 들었다. 내가 본 성형수술 연구의 대부분은 동양인, 특히 동양 여성들이 서양 백인 여성을 닮고 싶어 성형수술을 한다는 점을 비판했다. 즉 성형수술이 인종주의 이데올로기의 도구라는 것이다. 인종주의와 함께 성형수술 비판에서 주로 동원되는 것이 가부장적 미의 이데올로기다. 한마디로 성형수술이 나쁜 이유는 그것이 정치적으로 올바르지 않다는 데 있다. 그래서 많은 연구자가 성형수술을 하는 여성들이 인종주의나 가부장제와 같은 이데올로기와 구조적 압력에 순응하는 것이라고 분석해왔다. 혹은 외모지상주의라는 사회적 압력이나 그로 인한 실질적인 차별 경험 속에서 성형수술은 살아남기 위한 자구책, 즉 개별 여성에게는 합리적인 전략이라고 설명되기도 한다.

둘 다 틀리지 않다. 문제는 여성들이 성형수술을 선택하지 않게 만들기에는 실효성이 매우 낮은 설명이라는 점이다. 성형수술만 하면 얼굴이 예뻐진다는데 이데올로기를 비판하는 구호가 먹힐까? 애초에 이길 수 없는 싸움이다. 혹은 정신승리밖에 할 수 없는 싸움이다. 코성형을 하라는 말을 자주 듣고 자랐던 내가 더 이상 코성형을 아예 고민조차 하지 않게 된 건 전적으로 최 원장 덕분이었다. 내가 코성형을 안 하는 이유는, 동양인의 낮은 코를 열등한 것으로 보거나 오똑한 코의 미인을 찬양하는 이데올로기에 반대하거나 저항하기 때문이 아니다. 단순히 코가 높다고 무조건 예쁜 얼굴인 것이 아니라는 사실을 깨달았기 때문이다. 내 코에는 죄가 없었다. 아니 최 원장의 말에 따르면, 내 얼굴은 오히려 낮은 코 덕을 보고 있는 것이었다! 예뻐지지 않는 성형수술이야말로 가장 선택받지 못할, 반대와 저항을 가장 많이 불러올 성형수술이지 않은가? 이것이야말로 성형수술에 대한 가장 강력한 비판이었다.

양악수술을 권하기 위해서 예쁜 얼굴이 무엇인가에서부터 시작하고 여기에 시각 자료를 동원하는 최 원장의 상담 방식 역시 배울 점이 많다. 성형수술을 반대해야 할 필요가 있다면 그의 전략을 모방할 필요가 있겠다 싶었다. 시각적 설득은 강력하다. 현대사회에서 가장 강력한 지식이자 믿음 체계인 과학이 그 효과를 입증한다. 아름다운 얼굴을 정의하는 패러다임이 그대로인 채로, 그리고 아름다운 얼굴을 보는 눈이 바뀌지 않은 채로 성형수술을 하지 말라는 말에 설득될 사람은 많지 않다. 최 원장처럼, 사진과 같은 시각적 대상을 동원해서 우리가 갇혀 있던 패러다임을 보게 하고 새로운 패러다임을 제시하면 지금보다 훨씬 더 많은 사람이 성형수술에 흥미를 두지 않게 될 것이다.

나는 성형수술을 부추기는 이 사회 혹은 성형산업에 대한 최고의 저항 논리는 최 원장의 방식이어야 한다고 믿는다. 예뻐질 수 있음에도 하지 말라는 게 아니라, 예뻐지지 않으니 하지 말라는 논리 말이다. 아프지도 늙지도 않게 하는 약이 있는데 어찌 먹지 않을 수 있을까? 자연스럽게 아프고 늙어가는 너의 몸을 사랑하라거나 아픔과 늙음을 규정하는 이 사회의 '정상성'을 비판하는 것은 한 줌의 사람들로 하여금 약을 먹지 않도록 할 뿐이다. 아프지도 늙지도 않게 하는 약이 실제로 아프지도, 늙지도 않게 하는지 약의 효과 그 자체에 더 집중할 필요가 있다.

나아가 건강과 젊음 혹은 정상성의 정의나 패러다임을 새롭게 제시하는 실증적인 연구와 담론이 필요하다. 개개의 몸은 모두 다르고 다양하기에 몸을 하나의 잣대로 규정하는 것 자체가 옳지 않다. 물론 그렇다고 해서 규정 자체를 그만두자고 주장하는 것은 현실적이지 않다. 치료받고 개선되어야 할 몸들이 있고, 그 몸들에는 기준이 필요하다. 우리에게는 새로운 '정상성'의 기준이 필요하고, 그러기 위해서는 지금과는 다른 정의, 더 많은 자료와 설득 방법이 있어야 한다. 이쪽이 훨씬 어렵지만 훨씬 더 효과적일 것이다.

과학의 미, 미의 과학

[당신은 못생기지 않았다, 예쁘지 않을 뿐 —————]

"본인의 외모가 어느 정도라고 생각하세요? 예를 들어 지금 강남역에 가서 무작위로 100명을 뽑고 순수하게 외모만 본다면 본인이 100명 중 몇 등이나 할 거 같아요?"

현장연구를 시작한 지 보름쯤 지났던 어느 날, 조 실장이 떠미는 통에 나는 한 실장과 최 원장의 상담실에 나란히 앉았다. 우리는 차례로 최 원장이 건네주는 머리띠로 앞머리를 밀어 올려 이마를 완전히 드러내고는 맞은편 흰색 벽을 등지고 앉아 사진을 찍었다. 나의 무표정한 앞얼굴과 옆얼굴이 그의 책상 위에 놓인 컴퓨터 화면을 가득 채웠다. 화면 위에 적나라하게 드러난 내 얼굴을 보자 왠지 모를 부끄러움과 민망함에 웃음이 나왔다. 이후 최 원장은 나의 얼굴 사진 두 장을 보며 문제점과 증상을 조목조목 지적해나갔다.

조 실장의 예상이 맞았다. 나에게 필요한 것은 상악과 하악을 모두 조정하는 '양악수술'이었다. 최 원장은 연구자인 나를 의식했는지 수술에 대해 부연설명을 했다. 이 수술은 1950년대에 치료 목적으로 시작되어 지금까지 상당히 많은 연구가 이루어진 분야이지만 심미적인 목적의 턱수술인 경우 서양에서는 거의 시행되지 않기 때문에 주요 논문이 10편 이내로 많지 않다고 말했다.

내 외모 등수를 묻는 질문이 나온 것은 상담이 거의 끝나가던 시점이었다. 최 원장에 따르면 나의 외모는 "정상분포 곡선에서 정상에 해당"하는 수준, 즉 "100명 중 50명 안"에 해당하는 반면, 한 실장은 "상위 5퍼센트"에 해당하는 얼굴이었다. 한 실장에게는 "어딜 가도 외모로 1등 하고 싶다는 정도가 아니면 수술할 필요가 없"다는 진단이 내려졌다. 그리고 이전에 주변에서 '코성형'을 하면 더 예쁠 것 같다는 말을 자주 들었던 나에게 최 원장은 오히려 지금의 아담한 코 덕분에 '주걱턱'이 주는 강하고 억세 보이는 인상이 중화되는 것이라고 설명했다. 즉 나의 얼굴에서 문제는 작은 코가 아니라 큰 아래턱이었던 것이다. 위턱과 아래턱을 모두 움직이는 양악수술은 치아 교합에도 변화를 가져오기 때문에 대부분의 경우 수술 전후 치아 교정이 필요하다고 했다.

사실 '50등 안'에 든다는 최 원장의 답은 뜻밖이었다. 내 얼굴이 그렇게 못생긴 것은 아니라는 말로 들렸기 때문이었다. 최 원장이 막 촬영한 사진 속 나의 얼굴은 아름답지는 않은 '정상'이었다. 그렇다면 그가 상담 중에 보여준 유명 남녀 배우들의 얼굴은? 최 원장은 그들의 아름다움을 '초정상'이라고 불렀다. 슈퍼노멀. "예쁜 얼굴은 더욱 예쁘게, 평범한 얼굴이라면 탁월하게." 최 원장이 구호처럼 즐겨 사용하는 또 다른 표현이었다.

최 원장의 상담은 과학적이었다. 그리고 그 과학은 매우 유혹적이었다. 상담실에서 최 원장은 단 한 번도 장사꾼처럼 수술을 권하지 않았다. 그것이 그의 매력이었다. 그는 과학자처럼 무심하게 열정적이었다. 건강검진 결과지를 받아 본 느낌이었다. 다만 건강검진에서 정상이냐 비정상이냐가 중요하다면, 성형 상담에서는 정상이냐 초정상이냐가 중요하다는 점이 다를 뿐이었다. 건강검진 결과지에서 비정상인 항목을 찾아 어떻게 하면 정상이 될지 고민한다면, 성형외과 상담실에서는 정상이지만 초정상이 되는 법을 궁금해한다. 누군가는 건강검진 결과지를 보고 충격을 받아 운동을 시작하고 다른 누군가는 금세 잊고 살던 대로 살겠지만 말이다.

[얼굴을 보는 과학적인 방법 ───────────────]

최 원장의 상담은 환자의 얼굴 사진을 찍는 것으로 시

작한다. 사진을 찍는 절차는 동일하다. 그가 환자에게 머리띠를 건네주면, 환자는 얼굴형이 적나라하게 드러나도록 머리띠로 짧은 앞머리나 얼굴을 가리는 머리카락을 전부 올린다. 환자가 그 상태로 상담실 한쪽 벽에 걸린 흰색 스크린 앞의 의자에 앉으면 그는 보조 조명등을 켜고 디지털카메라로 환자의 얼굴만 클로즈업되도록 사진을 찍는다. 이때 환자는 얼굴에 어떠한 표정도 지어서는 안 되며 특히 입에 힘을 뺀 상태로 사진기를 바라보도록 요구받는다. 허리와 고개의 각도를 교정받기도 한다. 사진은 정면과 90도 각도의 측면, 이렇게 총 두 장을 찍는데, 이 사진들이 상담실의 컴퓨터 모니터에 뜨면 상담이 시작된다. 여기까지가 환자의 몸을 길들이는 절차 중 첫 번째 단계에 해당한다. 얼굴을 훤히 드러내고 무표정하게 앞을 응시하며 찍는 사진은 일상적으로 찍는 사진들과는 전혀 다르다. 이렇게 환자들은 두 장의 얼굴 사진이라는 식별 코드를 부여받게 된다.

　두 번째 단계로 그는 그중 정면 얼굴 사진을 '보는 방법'을 가르쳐준다.

예쁘냐 그렇지 않냐를 결정하는 것은 큰 눈과 높은 코가 아니라 얼굴이 주는 균형감이거든요. 어릴 때는 턱이 좀 커도 이렇게 예쁜데 나이가 들면 이렇게 센 인상이 됩니다. 반면 턱이 작으면 나이가 들어서도 어려 보이고 곱게 늙는다는 얘기를 많이 듣죠. 여기 보면 이마와 턱 높이가 비슷하죠. 턱이 크다는 건 이렇게 앞으로 나오고 옆으로 퍼졌다는 거예요. 가장 중요한 건 턱이 들어가는 거예요.

이때 컴퓨터 모니터에는 유명 여배우의 얼굴이 뜨고 각각 눈썹과 입을 지나는 수평선 두 개가 그어진다. 그러니까 사람의 얼굴을 상안면부, 중안면부, 하안면부라는 세 공간으로 나누는 것이다. 이 세 공간의 이상적인 비율을 1대1대1이라고 할 때 미인의 얼굴에서는 하안면부의 비율이 1보다 작게 나타난다고 한다. 측면 얼굴에서는 하안면부의 턱 끝이 안으로 들어가야 할 뿐만 아니라 중안면부가 길지 않아야 한다. 최 원장이 코의 길이, 인중의 길이, 턱의 길이, 얼굴의 길이 등 '길이'를 중시하는 이유는 얼굴이 세 공간 간의 길이 비율로 도식화되기 때문이다.

그의 얼굴 과학에서 핵심은 이렇게 얼굴을 세 개의 공간으로 나누어 도식화하는 것, 즉 모든 얼굴의 '패턴화'다.

사람 얼굴을 분석하면 몇 가지 그룹으로 나눌 수가 있어. 정희 씨의 얼굴은 턱이 약간 작고 가운데가 긴 얼굴에 속하거든요. 정희 씨의 얼굴에서 가장 나쁜 점은 인중이 길다는 거예요. (…) 뭐든지 우리가 패턴화를 할 수가 있죠. 얼굴도 마찬가지예요. 지금 정희 씨의 얼굴에서 제일 큰 특징은 중안면부가 길다는 거하고 또 인중이 길다는 거예요. 눈 쌍꺼풀 하고 코 하면 미인이 되는 줄 아는데 예쁘려면 균형을 잘 맞춰야 돼요.

이 '패턴화'를 위해서 동원되는 것이 국내외 연예인의 얼굴이다. 연예인의 얼굴 사진을 통해서 환자들은 얼굴의 패턴을 익히게 되는데 그 과정에는 실로 다양한 유형의 얼굴들이 등장한다.

치아교정으로 얼굴이 몰라보게 달라진 유명 운동선수의 사진으로 입이 아름다운 얼굴에서 얼마나 중요한 요소인지를 보여주기도 하지만, 성형수술을 한 것으로 알려진 연예인들의 사진이 잘못된 성형수술의 증거로 쓰이기도 한다. 양악수술을 해야 하는데 돌출입수술을 하는 바람에 '합죽이'가 된 여배우 혹은 턱뼈를 과절제하는 사각턱수술 탓에 자연스러운 턱의 각이 사라져 소위 '개턱'을 갖게 된 여성 연기자 등이 대표적인 예다. 또한 코성형을 했다가 보형물을 다시 제거한 남녀 배우들의 전후 사진을 비교해서 보여주며 성형한 코보다 원래의 자연스러운 코일 때가 더 낫다는 것을 보여주기도 한다.

성형수술 경험 유무와 무관하게 아름다운 얼굴의 반례로 유명인의 얼굴 사진이 사용되는 경우도 있다. 예를 들어, 미국 여배우 데미 무어는 '남성적인 얼굴'을 가진 여성의 얼굴을 설명할 때 주로 등장한다. '하악이 큰 여성의 얼굴'을 대변하는 이 여배우의 얼굴 사진은 10~20대에는 청순해 보이지만 40대에는 나이도 더 들고 인상도 세 보인다. 최 원장의 상담에서 연예인은 아름다운 얼굴의 상징으로만 소비되는 것이 아니다.

물론 궁극적으로 예쁜 연예인의 얼굴은 "어딜 가도 외모로 1등" 하는 아름다움의 살아 있는 증거다. 최 원장이 가장 즐겨 사용하는 것은 연예인 이모 씨의 얼굴 사진이다. 이모 씨의 얼굴은 그가 추구하는 '초정상적으로 아름다운 얼굴'의 재현물로 기능한다. 그리고 유모 씨의 얼굴은 '코가 안 예쁜데도 예뻐 보이는 얼굴'의 대표로서 그가 추구하는 '과학적이고 재현 가능한 가치'로서 얼굴이 갖는 아름다움이 무엇인지를 잘 보여준다.

그의 과학에서 얼굴의 아름다움은 코나 눈과 같이 특정 부위의 형태와 크기가 아니라 '얼굴 전체의 조화와 비율'에 의존하는 가치로 규정된다. 따라서 환자들이 상담 중에 때로 "현모 씨나 송모 씨의 코처럼, 높지 않고 끝이 살짝 올라간 코가 되고 싶은데"라고 요구하는 경우 그는 즉시 "그런 코는 절대 안 돼요. 이 코의 길이를 줄여서 뭘 얻을 건지를 생각해봐야죠. 수술 해도 안 예뻐진다는 거죠"라며 이모 씨의 얼굴 사진을 보여준다.

상담실에 환자가 들어오면 최 원장은 재빨리 환자의 3차원적 몸을 2차원적인 이미지로 바꾸어버린다. 단점을 가리고 장점을 부각시키는 머리 모양과 옷 때문에 꽤 그럴듯해 보이던 얼굴이 이마를 드러내고 입을 반쯤 벌린 상태에서 정면과 측면 사진을 찍고 나면 결코 아름답다고 말할 수 없는 얼굴이 되어버린다.

"광대 밑이 꺼져서", "앞광대가 문제", "(코가) 너무 길어요", "얼굴이 커 보여요" 등등 혼란스러움의 대상이었던 환자의 얼굴이 상담 말미에는 '코에 넣은 것만 빼면 된다'는 간단한 처방의 대상이 된다. 여기서 관심의 대상은 눈앞에 있는 환자의 얼굴이 아니라 컴퓨터 화면으로 보이는 무표정한 얼굴 사진이다. 아름다운 얼굴의 모델인 연예인의 얼굴 사진과 비교되는 것은 환자의 얼굴 그 자체가 아니라, 그 환자의 얼굴 사진인 것이다.

[**과학의 미, 미의 과학의 핵심** ───────────]

최 원장의 상담은 과학적이다. 이 명제에 대해서 오해해서는 안 될 것이 두 가지 있다. 첫째, 그의 상담이 과학적이라는 말은 그가 말하는 것이 절대적 진리라는 뜻이 아니다. 둘째, 그의 상담이 과학적이라는 말은 최첨단 기술을 동원한다는 뜻이 아니다. 두 번째 오해부터 먼저 해명하자면, '과학의 미'는 첨단 장비에 있지 않다. 최 원장의 상담에 고개를 끄덕이게 되는 이유는 그가 최첨단 가상 수술 비디오 장비를 써서 수술 후에 이렇게 예뻐질 텐데 이래도 수술을 안 하겠느냐고 설득하기 때문이 아니다. 최 원장의 상담실에 수술 후의 모습을 미리 보여주는 첨단 장치 같은 것은 없다. 그의 상담에서 환자가 보는 것은 성형수술로 극적으로 변화할 얼굴을 생생하게 보여주는, 첨단 장비로 촬영한 단 한 장의 사진이 아니라 상담을 받는 환자의 사진, 기존 환자들의 사진, 그리고 연예인들의 사진 등 디지털카메라로 촬영하거나 인터넷에서 얻은 여러 장의 사진들이다. 최 원장은 환자가 수술 후 얼마나 아름다워질 수 있는지를 보여주는 것이 아니라, 어떤 얼굴이 아름다운 얼굴인지를 알려줄 뿐이다.

환자들은 성형만 하면 이렇게 예뻐질 수 있다고 유혹하는 한 장의 사진에 '혹해서' 성형수술을 결심하지 않는다. 최 원장의 설명을 들으며 여러 장의 사진을 반복적으로 보다 보면 어느새 상담실에 들어오기 전에는 생각조차 하지 못했던 방식으로 얼굴을 보게 된다. 반복적인 관찰의 결과다. 예쁘다고 생각하는 얼굴을 반복적으로 관찰해서 공통되는 도식을 얻어내는 것이다. 이 새로운 도식 하에서 예전에 문제라고 여겼던 것은 전혀 문제가 되지 않고 전혀 문제가 되지 않았던 것들이 문제로 떠오른다.

더욱 중요한 것은 그 새로운 눈으로 환자의 얼굴 그

자체가 아니라 환자의 얼굴 사진을 본다는 것이다. 이것은 최 원장의 상담을 과학으로 만드는 가장 중요한 요소 중 하나다. 최 원장은 과학기술학자 브뤼노 라투르가 묘사하는 과학자와 닮았다(라투르, 2018). 토양학자는 숲에서 흙을 관찰할 때, 그 자리에서 도감에 기재된 흙의 색깔과 코드를 부여하지 않는다. 실제 흙과 도감과의 대응은 우선 흙을 채취해 토양비교분석기 안에 넣은 후에 진행된다. 같은 2차원 선상에 놓는 것이다. 실험실의 과학자들도 마찬가지다. 쥐를 대상으로 실험을 하지만 그들이 최종적으로 들여다보는 것은 살아 있는 쥐가 아니라, 그 쥐에서 추출한 물질을 보여주는 수치나 그래프다. 이는 과학의 핵심이 3차원의 실제 자연과 2차원의 이론을 비교하는 것이 아니라, 동일하게 2차원에 있는 실제 재현물과 이론의 재현물을 비교하는 것임을 말해준다.

아름다운 얼굴의 기준과 도식이 2차원의 얼굴 사진을 통해서 얻어졌다면 그것을 적용하는 대상 역시 2차원의 얼굴 사진이어야 한다. 2차원의 기준을 3차원의, 그것도 살아 있는 환자의 얼굴에 적용할 수는 없고 그래서도 안 된다. 왜냐하면 3차원의 환자 얼굴에는 화장뿐만 아니라 표정, 머리 모양, 태도 등 환자의 얼굴에 대한 판단을 왜곡할 수 있는 변수들이 무수히 개입하기 때문이다.

이런 변수들을 최대한 제거하기 위해 최 원장은 상담

직전 통제된 상황에서 환자의 얼굴 사진을 촬영한다. 환자는 얼굴 근육에서 최대한 힘을 빼고 앞머리를 완전히 밀어 올린 채 사진을 찍는다. 화장을 진하게 한 경우라면 그 변수가 통제되지 못했음이 언급된다. 그렇게 한 번 환자의 얼굴이 사진 이미지로 환원되면 그 후 상담이 끝날 때까지 관찰과 도식화의 대상은 2차원의 얼굴이 된다. 상담은 미의 기준인 2차원과 실제 환자의 얼굴인 3차원을 오락가락하지 않는다. 연예인의 얼굴 사진과 비교되는 것은 환자의 얼굴 사진이지 환자의 얼굴 그 자체는 아니다.

실제 환자를 앞에 두고도 환자의 사진을 보고 또 내가 닮고 싶은 연예인 한두 명이 아니라 여러 명의 얼굴을 반복적으로 보며 규칙을 찾아내는 작업, 이것은 오직 양악수술의 패러다임에서만 일어나는 새로운 미의 과학 활동이다. 보는 것이 곧 아는 것이라는 단순함은 과학의 오래된 미이자, 미에 대한 새로운 과학의 핵심이다.

수술실 스펙터클

[수술은 '칼과 바늘'로 이루어져 있지 않다 ───────]

한 달 만이었다. 이곳에 들어온 지 한 달 만에 나는 드디어 수술을 참관해도 좋다는 허락을 받았다. 이날을 얼마나 기다려왔던가. '날것으로의 몸'을 보고 싶었다. 몸 그대로의 몸. 몸 그 자체. 성형외과 밖의 세상은 온통 옷으로 덮인 몸, 화장으로 가려진 몸, 그리고 컴퓨터나 스마트폰이나 TV 화면 등에 등장하는 이미지화된 몸뿐이었다. 성형수술 환자를 만난다고 그의 몸 그 자체를 볼 수는 없다. 아니 그것으로는 충분하지 않았다. 나는 그저 몸인 채로 존재하는 몸을 보고 싶었다!

처음에는 성형외과에만 들어가면 몸을 볼 수 있을 것이라 생각했으나 그 기대는 금방 깨졌다. 성형외과에 오는 환자라고 해서 다를 것은 없었다. 게다가 상담실에서조차 진짜 몸이 아니라 사진 속의 몸을 본다. 최 원장이 찍은 사진 속 환자의 얼굴은, 예쁜 앞머리도 없고 웃는 표정도 아닌 적나라한 얼굴이지만 내가 기대했던 살아 있는 얼굴은 아니었다. 성형수술을 한 환자들의 몸을 보기는 더 힘들다. 붕대로 감싼 것은 물론, 대개는 수술 부위를 가리기 위해 마스크를 쓰거나 모자를 눌러썼다. 이제 내가 기대할 곳은 수술실뿐이었다.

환자는 전신성형을 하러 한국에 온 중국 갑부라고 했다. 그래서인지 수술은 밤 시간에 잡혀 있었다. 밤 10시 정도 수술실에 들어갔을 때는 이미 수술이 진행되고 있었다. 박 원장을 비롯해 간호사 두 명은 수술모, 마스크, 장갑, 그리고 녹색 수술복에 가려져 눈만 보이는 상태로 수술대에 바짝 다가서 있었다. 환자는 전신마취 상태로 역시 온몸이 녹색포에 싸여서 간신히 얼굴만 볼 수 있었다. 그나마도 감긴 눈 위로 테이프가 붙여져 있고 묵직해 보이는 금속 도구로 입이 한껏 벌려져 있는 상태라 얼굴을 알아볼 수는 없었다. 형체가 거의 보이지 않아 사실 사람이 누워 있다고 느껴지지도 않았다.

수술실에서만큼은 생생한 몸을 볼 수 있을 거라는 나의 기대는 그렇게 무너졌다. 메스가 하얀 피부를 가르면, 붉은 피가 튀어 오르고 뼈와 피부 아래 조직이 드러나는,

그런 스펙터클을 기대했던 것 같다. 스펙터클한 수술 장면에 놀라서 수술실을 뛰쳐나오게 되면 어쩌나 살짝 걱정도 했다. 그런데 생전 처음 보는 수술 장면 앞에서 나는 무덤덤했다. 이럴 거면 의대에 갔어도 되지 않았을까? 뜬금없이 피 흘리는 모습을 보는 것이 무서워서 의대는 고려 대상에도 넣지 않았던 고등학교 시절의 내가 떠올랐다. TV 의학 드라마에서 봤던 수술 장면들이 더 스펙터클했다. 실제는 늘 그렇게 이미지를 배신하는 것일까.

수술실에서 몸을 볼 수 없는 이유는 단순하다. 몸이 보이지 않기 때문이다. 수술포에 가려져 있지 않은 곳은 수술 부위뿐인데, 그나마도 그 부위를 볼 수 있는 것은 의료진뿐이었다. 특히 입안을 절개하고 수술하는 최 원장의 수술은 더욱 그랬다. 그렇다면 나는 수술실에서 뭘 볼 수 있는 거지? 몸을 보는 것을 포기하고 그제야 두리번거리며 전체 장면을 바라보기 시작했다. 비로소 스펙터클한 수술실의 전경이 눈에 들어왔다.

나를 압도했던 것은 수술실 안이 비좁게 느껴질 정도로 넘쳐나는 사물들이었다. 환자가 누워 있는 수술대를 가로질러 바퀴 달린 트레이가 있었고 거기에 수십 개의 수술 도구들이 펼쳐져 있었다. 수술대 주변에는 주로 수술실 벽을 따라서 덩치 큰 기계들이 서 있고 그 기계들과 환자는 튜브로 연결되어 있었다. 한쪽 벽에는 싱크대를 비롯해 장

53

들이 있는데 그 안에도 자잘한 물건들이 나와 있었다. 수술실과 연결되어 있는 보조실에서는 그야말로 물건들의 아우성이 들리는 것 같았다. 금속 통들과 박스들, 이름 모를 기계들이 자리를 차지하고 있었다. 사실 잘 보이지 않는 것은 환자만이 아니었다. 의사도, 간호사도 잘 보이지 않았다. 그 공간은 사람들의 공간이 아닌 것처럼 사람의 존재를 작게 만드는 곳이었다. 혼란스러웠다. 수술실은 무서운 곳도 차가운 곳도 아닌 정신 사나운 곳이었다.

그 시각적 소란스러움과는 대조적으로 수술실은 적막했다. 들리는 소리라고는 일정하게 울리는 기계 알람음뿐이었다. 수술실에 들어오기 전에 어떤 것에도 손이나 몸이 닿으면 안 된다는 말을 몇 번이나 들었던 터라 나는 들어가자마자 벽에 몸을 바싹 대고 숨을 죽였다. 그리고 곧 나뿐만 아니라 그 누구도 이곳에서 온전히 자유롭지 않다는 걸 깨달았다.

수술은 자주 '칼과 바늘'로 비유되지만 그 비유는 틀린 것이었다. 칼과 바늘은 수술에 동원되는 사물의 극히 일부일 뿐만 아니라 수술을 지나치게 의사 중심 행위로 오도한다. 성형수술은 훨씬 더 많은 사물과 사람이 동원되는 사건이다. 다른 수술이 그러하듯 말이다. 수술은 의사와 환자 사이에서 벌어지는 일 혹은 의사가 환자에게 가하거나 행하는 일이라고도 말할 수 없다. 그러기엔 너무나 많은 사물이 개입하기 때문이다. 수술 장면은 흡사 과학자들의 실험 장면을 연상케 한다. 과학자의 실험실에 실험 대상이 되는 자연물 대신 실험 기기 및 도구들이 가득한 것처럼 성형외과 수술실 안에서도 수술 대상인 환자의 몸은 수술포와 수술 기구들에 가려져 보이지 않는다.

이 사물의 스펙터클을 앞에 두고 나는 결심했다. 내가 지금은 이렇게 압도되지만 언젠가는 그러지 않게 될 것이라고. 왜냐하면 저들의 정체를 알게 될 것이기 때문에. 알고 보면 거즈나 실 같은 사소한 물건에 불과한 저들의 존재에 내가 압도되는 유일한 이유는 내가 아직은 그들을 잘 모르기 때문이었다. 내가 그중 몇몇을 가리키며 뭐냐고 물을 때마다 간호사들은 뭘 그런 당연한 것을 묻느냐는 듯 무심하게 대답해주었다. 나를 압도하는 그 사물들이 이곳에서 매일 일하는 간호사들에게는 전혀 그렇지 않은 듯했다. 그 이유는 그들이 사물들을 잘 알고 있기 때문이었다.

[사물, 수술실의 플라즈마 ───────────────]

첫 수술 참관의 충격으로 나는 수술실에 대하여 공부하기 시작했다. 현장연구를 나온 사람이 현장에 무엇이 있는지 몰라서는 안 된다고 생각했다. 수술 도구부터 공부해

볼까 싶어 전문 업체에서 만든 책자를 펼쳐 봤다. 판매하는 기구 목록의 그림과 명칭이 빼곡했다. 그런데 그것만 보고 공부하기에는 많아도 너무 많았다. 그 책자를 간호사들에게 보여주며 도대체 어찌 해야 하냐고 물으니 다들 웃으며 자기들도 거기 있는 기구들을 다 모른단다. 의원마다 보유하고 있는 기구의 목록이 저마다 다르고, 의사마다 실제로 수술에 사용하는 기구의 목록이 다르다고 했다. 게다가 정식 명칭과 의사 혹은 간호사에 의해 실제로 불리는 명칭도 달랐다.

그렇다면 나는 청담 성형외과에서 원장들이 쓰는 기구라도 알아야겠다고 생각했다. 간호사들이 수술 종류별로 적힌 기구 목록을 보여줬다. 영어로 간단히 이름만 적혀 있는 자료였는데, 역시나 이것도 그들이 실제로 활용하는 자료는 아니라고 했다. 어쩔 수 없이 틈이 날 때마다 간호사들에게 실제로 수술할 때 쓰는 기구들을 보여 달라고 부탁했다. 사용한 기구들을 소독하고 수술별로 미리 포에 넣어 싸두는데 그럴 때 잠깐 양해를 구하고 사진을 찍었다. 수술별로 기구들을 늘어놓고 사진을 찍자 몇몇 간호사가 그 사진을 자신들에게도 보내달라고 부탁했다. "적어놓은 걸 봐도 다 영어로 되어 있고 뭐가 뭔지 매치가 안 된다"며 내가 찍은 사진을 앞으로 새로 들어오는 간호사 교육에 쓰겠다고 했다. 간호사들은 그 사진들이 유용하다고 느낀 것 같지만 정작 그렇게 사진을 찍은 나에게는 별로 도움이 되지 않았다.

실제로 써본 적이 없는, 수십 개도 넘는 기구의 이름을 외우는 것은 쉬운 일이 아니었다. 시험공부 하듯이 외우지 않는 이상 불가능한 미션이었다. 수술에 쓰이는 사물들도 이런데, 인체를 이해하고 해부학적 지식을 머리에 넣는다는 것은 얼마만큼의 노력과 시간이 필요한 일일까? 의사나 간호사가 되는 과정에서 오직 그것에만 집중해야 혹은 긴 시간 동안 몸에 체득해야 얻을 수 있는 지식을 현장연구자인 내가 몇 달 만에 책자나 넘겨보고 사진 좀 찍는다고 해서 알 수 있을 것이라 기대했던 것 자체가 문제였다.

사물 그 자체를 알 수 없다면 사물이 무엇을 하는지, 사물이 사람들에게 무엇을 하게 하는지를 볼 수밖에. 나는 알 수 없는 사물의 스펙터클 속에서 일하는 사람들에게 주목하기 시작했다. 그리고 새삼스럽게 수술실이 사물의 전시장이 아니라는 사실을 깨달았다. 그리고 수술이 스펙터클 속에서 의미 없이 벌어지는 사건이 아니라는 사실도. 이 사물들은 수술을 위해서 존재한다. 과학기술학자 브뤼노 라투르는 이렇게 "서식화되고 측정되고 사회화되지 않았으며, (…) 조사되거나 동원되거나 주체화되지 않은"(Latour, 2005: 244) 배경을 '플라즈마'plasma로 명명한다.

플라즈마는 원래 이온화된 기체를 가리키는 물리학과 화학의 용어로, 통상 기체, 고체, 액체로 구분되는 물질의 상태가 아닌 제4의 상태를 뜻한다. 이 용어는 우리가 섣불리 잘 안다고 말할 수 없는 배경을 비유적으로 일컫는다. 전체를 구성하는 부분과 그 연결에 대해서 미리 규정하거나 혹은 너무 빨리 안다고 가정하기보다는 오히려 어느 정도의 무지를 전제로 논쟁과 협상의 여지를 열어두는 것이다. 배경을 플라즈마로 보게 되면 수술실은 눈에 보이는, 잘 관리된 공간에서 당장 보이지 않는 존재들까지 고려되는 정치적 공간으로 바뀌게 된다. 그렇게 되면 내가 연구자로서 할 수 있는 일은 수술실의 플라즈마를 사회화하고 주체화함으로써 이 공간을 만드는 정치에 참여하는 일일 것이다.

숫자도 가늠할 수 없는 엄청난 양의 사물이 자리를 차지하고 있는 수술실이지만, 매 수술마다 자기 이름을 거는 자는 바로 의사다. 의사는 단연코 수술의 저자著者다. 그러나 일단 수술이 시작되면 의사도 환자와 같이 사라진다. 환자가 몸에 주렁주렁 튜브를 달고 녹색 수술포를 뒤집어쓰고 있듯이, 의사 역시 녹색 수술복에 수술모를 쓰고 손, 머리, 발은 무언가와 연결되어 있다. 예를 들어, 양악수술을 하는 박 원장의 손에는 전기 드릴이 들려 있고, 그의 머리에는 헤드라이트 밴드가 둘러져 있으며, 그의 발은 혈액을 빨아들여 시야를 확보하게 해주는 석션기의 페달 위에 놓여 있다.

이 기구들은 의사의 몸을 기능적으로 확장시키는 역할을 한다. 수술 기구들은 더욱 미세한 수준에서 의사의 신체기능을 확장해줄 뿐만 아니라, 수술 대상인 환자의 몸과 의사의 몸을 매개한다. 예를 들어, 드레싱용 거즈나 조직을 집는 '겸자'forceps만 해도 미세한 형태적 차이에 따라 수십 가지 다른 종류가 있다. 또 다른 예로, 코수술에서 코뼈를 칠 때 사용되는 '오스테오톰'osteotome이라는 기구 역시 왼쪽 코뼈를 칠 때 사용되는 것과 오른쪽 코뼈를 칠 때 사용되는 것이 구분되어 있다. '리트랙터'retractor와 '엘리베이터'elevator는 분명히 다른 명칭의 기구이지만 둘 다 코수술 시에 수술 부위에 대한 의사의 시야 확보를 위해 사용된다. 기구들의 섬세함을 보고 있노라면 이 기구들이 의사를 보조한다기보다 의사의 몸을 확장한다고 보는 편이 더 적절하게 느껴진다.

[**수술과 수술 사이, 간호사의 노동** ────────]

수술이 끝나고 나면, 수술실은 간호사들만의 공간으로 탈바꿈한다. 정확히 말하면, 수술이 없는 수술실은 간호사들의 노동 현장이 된다.

수술이 시작되기 전 간호사가 하는 일은 각종 주사제와 수술 도구, 장비 등을 세팅하는 일부터, 환자에게 환자복을 갈아입히고 혈압을 재고 정맥 혈관을 잡는 일, 환자를 수술대 위에 눕힌 채 수술 부위를 정리하고 소독하는 일, 마취과 의사에게 필요한 물품을 제공하는 일까지 다양하다. 수술을 앞두고 긴장해 있는 환자에게 웃으며 말을 건네거나 손을 잡아주는 것도 물론 간호사의 몫이다.

의사가 절개 부위 봉합까지 끝내고 수술실을 떠나면 환자의 얼굴에 남아 있는 디자인 선과 붉은색 소독약 흔적을 깨끗이 지워내고, 전신마취의 경우 마취과 의사와 함께 마취가 깰 때까지 환자를 돌보는 것, 그리고 당일 귀가하는 환자들에게 처방전과 주의사항 안내서를 챙겨주는 것도 간호사의 업무다. 수술실에 새로운 장비가 들어오면 사용법을 익히고 관리하는 일도 포함이다.

간호사의 업무 중 시간적, 체력적 소모가 가장 큰 일은 수술에 사용되는 기구들을 세척, 소독, 관리하는 일이다. 수술실을 비롯해 수술 준비실과 회복실을 정리하는 것은 물론이고, 수술에 사용하거나 공기 중에 노출되었던 기구들을 세척하고 소독하는 일, 수술복과 환자복을 포함하여 트레이와 수술대, 환자의 몸 위에 겹겹이 덮였던 녹색포를 세탁해서 건조시키는 일, 다음 수술을 위해 수량이 부족하거나 교체해야 하는 물품을 외부 업체에 주문하는 일, 수술 시에 발생한 적출물만을 따로 모아서 전문 수거 업체를 통해 반출하는 일 등 수술이 끝난 당일부터 그다음 수술 전까지 해야 할 일들은 무궁무진하다.

"우리가 수술 없으면 노는 줄 알지? 차라리 수술 있는 게 나아. 수술 없을 때 할 일이 얼마나 많은데." 이 간호사는 자주 이런 푸념을 했다. 그들은 수술 기구 세척하는 일은 '설거지', 수술포를 세탁하는 일은 '빨래'라고 불렀다. 그것은 엄마의 일이라고 불리는 일들이었다. 설거지와 빨래는 전동 드릴로 뼈를 자르는 일에 비하면 한없이 자질구레한 일이었다. 마치 엄마의 일처럼 문제가 생기지 않는 한, 무언가 잘못되지 않는 한 우리는 그 노동의 존재조차 알 수 없었다.

그리고 나는 곧 수술실에서 내가 볼 수 없었던 또 다른 존재를 알게 되었다. 바로 세균이다. 2009년 9월 부산 모 성형외과에서 수술 부작용으로 두 명이 죽고 한 명이 중태에 빠진 사건이 발생했다. 당시 MBC TV의 《PD 수첩》 보도에 따르면 사망의 원인은 세균이었다. 그것이 청결하지 않은 수술실의 문제인지 제약 업체로부터 구매한 주사액의 문제인지는 밝혀지지 않았다고 했다. 어느 것이 문제인지에 대해서 박 원장과 최 원장 사이에 의견의 차이가 있었다. 이 뉴스를 접하고 박 원장은 수술실 소독의 문제라며 간호사들에게 소독에 더 신경 쓰라고 지시했다. 반면 최 원장은 그렇게 판단하기는 힘들다며 수면 유도를 위해 사용하는 프로포폴 주사액이 사용 과정에서 변질되었을 가능성이 있다고 보았다. 어느 쪽이든 이 심각한 성형수술의 위험은 수술 테크닉이나 종류의 문제라기보다는 감염이나 마취 관련 사고였다. 한마디로 눈에 보이지 않는 세균의 문제였다.

청담 성형외과에서는 한때 최 원장에게 수술을 받은 환자들 중 일부가 수술 부위에 염증이 생겨 문제가 되었던 적이 있었다. 그중 한 양악수술 환자는 한 달 동안의 항생제 치료에도 염증이 낫지 않아 감염 부위를 제거하는 또 한 번의 수술을 받아야만 했다. 수술한 지 두 달이 지난 환자가 갑자기 염증이 생겼다며 의원을 찾아오기도 했다. 수술 후 외모가 개선되었다고 해도 일단 염증이 생기면 수술에 대한 만족감을 느끼기 힘들기 때문에 염증은 성형외과에서 민감할 수밖에 없는 문제다. 염증에 대해서 의사들은 원인을 "알 수 없다"고 말하지만 가장 우선적으로 취해지는 조치는 간호사들이 기구를 소독하는 방식과 횟수, 보관 상태 등을 다시 확인하고 소독을 더욱 철저히 하는 것이다. 대개 감염의 주 용의자는 세균이 묻어 있는 사물이다!

"성형수술 부작용"이라는 보도는 마치 이 사고가 성형수술이기 때문에 일어난 일처럼 보이게 하지만 사실 어떤 수술에서든 일어날 수 있는 사고다. 아마도 성형수술이기에 더 극적으로 보도되었을 것이고, 훈련받은 간호 인력에 의해 체계적으로 운영되는 대학병원급과는 달리 적절한 전문 인력을 갖추기 어려운 소규모 의원급의 성형외과이기에 일어났을 수도 있는 일이다. 청담 성형외과를 비롯해 많은 성형외과 수술실의 간호사는 엄밀하게 '간호조무사'인 경우가 많고 이들은 대개 간호학원이라는 단기 교육 기관에서 1년 내외의 교육을 받고 자격증을 취득한 후 바로 현장에 투입되는 보조 의료인이다. 여러 의원에서 일한 경력이 있는 이 간호사나 유 간호사는 의원마다 소독이나 위생 절차가 다 다르다며 때로는 심각하게 감염이 염려되는 경우도 있다고 했다.

이러한 감염 사고는 수술의 일부였으나 평소에는 거대한 플라즈마의 일부로 눈에 띄지 않았던 프로포폴 주사액과 주사기를 우리 눈앞에 드러냈다. 간호사의 설거지와 빨래도 그렇다. 사물을 잘 관리하지 않으면 감염의 가능성이 높아지지만 사물을 잘 관리한다고 해서 감염이 완벽하게 차단되는 것도 아니다. 박 원장의 말처럼 항생제나 깨끗한 수술실은 세균을 완전히 없애주는 것이 아니라 그 숫자를 줄여줄 수 있을 뿐이다. 그래도 할 수 있는 건 사물들을 최대한 위생적으로 관리하는 일임은 분명하다. "솔직히 바닥에 떨어진 기구, 그냥 닦아서 갖다 놓는다고 누가 알겠어?" 이 간호사의 말은 그들의 사소한 행동과 사소한 기구 하나에도 환자의 생명과 직결되는 책임과 윤리가 부여됨을 보여준다. 그들이 직업적 윤리와 자부심을 지킬 수 있도록 처우가 개선되어야 함은 물론이다.

　내가 수술실을, 수술을 수십 번 지켜보며 알게 된 것은 인체의 해부학적 구조도, 수술 기구의 이름도, 수술 방법도 아닌, 사소한 사물과 사소한 노동의 존재다. 사물과 노동을 보지 않으면 수술은 의사와 환자만의 문제가 되고, 사고가 나면 가해자와 피해자만 남는다. 그래서 의원이나 병원에서 일어나는 환자의 사망 사건은 주로 의사나 간호사 등 의료진의 과실 여부에 초점을 맞추어 보도된다. 주로 의사는 욕을 먹고 환자는 동정의 대상이 된다. 심각한 병을 치료하기 위해 어쩔 수 없이 하는 수술이 아니라 본인이 선택하는 수술, 그래서 꼭 안 했어도 될 수술인 성형수술의 경우 비난과 동정이 더해진다.

　성형수술 수술실의 문제는 최근 잘 알려진 의사의 '대리 수술' 혹은 '유령 수술'만이 아니다. 한 번의 수술이 실행되기 위해서 동원되는 많은 도구, 재료, 장비 그리고 의료 보조 인력이 수술실의 배경으로 존재하는 한 수술은 미지의 영역이 된다. 그 거대한 사물과 노동의 배경이 사소하게 취급되고 눈에 보이지 않게 되면 세균으로 인한 감염과 같이 환자의 생존과 건강을 좌우하는 문제를 미리 예방하거나, 예측하지 못하는 사고 발생에 적절히 대응하기 어려워진다.

[수술실에서 떠올리는 실험실 ───────]

결국 나는 수술실에서 몸 그 자체를 보는 것에 실패했다. 애초에 실패할 수밖에 없는 기대였다. 누가 몸 그 자체를 볼 수 있을까? 누가 몸 그 자체에 대해서 말할 수 있을까? 성형외과 수술실에서 내가 본 것은 사물, 거대한 사물이다. 성형외과 수술실에 대해서 내가 말할 수 있는 것은 그 거대한 사물에 관한 것들뿐이다. 사물의 세계에 대한 나의 무지. 그러다 사물을 돌보는 간호사들의 반복적인 노동 그리고 반대로 매 수술마다 변주되는 즉흥적인 노동이 보였다. 그 노동에 깃들어 있는 지식과 윤리도. 사물들 없이는 사실 환자의 몸을 열 수조차 없는 의사도. 세균이나 오염 물질처럼 반갑지 않은 것들까지도. 이 모든 것은 결국 과학에 대한 이야기이기도 하다는 점을 덧붙이고 싶다.

수술 전 상담과 수술 모두 성형수술의 필수 과정임에도 상담실과 수술실은 완전히 다른 공간이다. 청담 성형외과의 경우 특히 두 공간은 서로 다른 층에 배치되어 물리적으로도 분리된다. 과학도 마찬가지다. 논문으로 보는 과학과 실험실에서 수행되는 과학은 다르다.

논문에서 결과로 제시되는 그래프와 수치, 그리고 명제는 과학자들이 실험실에서 하는 일을 보여주지 않는다. 논문에 '연구 방법'이 쓰여 있기는 하지만 그게 실험실에서 일어나는 일의 전부라고 믿는 과학자는 없다. 아마 실험실을 처음 방문하는 이라면 내가 수술실에서 보았던 것을 보고 느꼈던 것을 느끼게 될 것이다. 실험실은 수술실만큼 거대한 사물의 세계이기 때문이다.

아무리 훌륭한 외과 의사여도 손을 쓰지 않고 수술할 수는 없고 맨손으로 수술할 수도 없다. 마찬가지로 아무리 천재적인 과학자여도 실험실에서 자연 그 자체와 일대일로 만나 자연을 조작하거나 자연을 알 수는 없다. 최소한 그 과학자가 근대 과학을 수행하는 과학자라면 말이다. 그에게는 파이펫이, 현미경이, 질량분석기가, PCR(중합효소연쇄반응) 장비가 필요하다. 그 장비를 유지하고 관리하는 노동이 필요한 것은 말할 것도 없다.

사물의 거대함은 인간의 언어를 갖지 않은 몸과 자연을 이해하고 변형하기 위한 인간의 노력을 보여줌과 동시에 한계도 분명히 보여준다. 인간의 이성만으로는 절대로 자연 그 자체에 접근할 수 없고 그 자연을 조작할 수는 더더욱 없다는 한계 말이다. 또한 수술실의 사물들은 몸의 조작을 가능하게 해주지만, 동시에 조작된 몸을 위험에 빠뜨리기도 한다.

누가 성형외과 의사를 욕하는가

[환자를 두려워하는 의사 ───────────────]

오랜만에 성형외과학회에 왔다. 최 원장의 발표는 맨 마지막이었다. 안면윤곽수술의 실제 케이스를 430여 건 분석한 결과 컴플레인의 대상은 수술 부위가 통합이 잘 안 되거나 볼 처짐 현상, 신경 손상, 비대칭, 출혈이 발생하는 경우 등이었다고 한다. 그는 일단 컴플레인이 발생하고 소송으로 이어질 경우, 악안면수술은 보험회사에서 구강외과 의사에게 소견을 구하게 되고 그러면 성형외과에 불리하게 작용할 확률이 높기 때문에, 그런 상황을 만들지 않는 쪽이 가장 좋다고 했다. 그러기 위해서 환자의 병력 확인을 철저하게 해야 하고 처음부터 수술할 환자를 잘 선택하는 게 중요하다고 했다. "우리 스스로를 디펜스하자." 최 원장이 마지막으로 이렇게 말했다. 수술 전에 제대로 평가해놓지 않으면 모든 것이 수술과 의사의 탓인 것처럼 '뒤집어쓰는' 경우가 있으니 스스로 방어하자는 것이다. 그러기 위해서는 수술 전 엑스레이를 반드시 찍게 하고, 수술동의서를 받는 것이 중요하다고 했다.

성형외과 의사의 자기방어는 수술실에서부터 시작된다. 그것은 환자의 육체를 홀로 대면하는 순간의 긴장과 스트레스의 다른 이름이다. 최 원장은 "수술 한 번 할 때마다 수명이 단축되는 것 같다"며 수술실에서 느끼는 스트레스를 드러냈다. 성형외과의사협회에서 발행하는 잡지에는 혼자 책임져야 하는 수술에 대한 부담감을 토로하는 성형외과 의사의 글이 실리기도 한다.

물론 이러한 자기방어적 태도는 성형외과 의사만 보이는 특징은 아니다. 외과 의사에 대한 펄 카츠Pearl Katz나 조앤 카셀Joan Cassell 등의 연구를 보면, 그들은 흔히 피해망상적 사고방식을 가지고 있다. 환자의 생명과 직결되는 외과 수술 그리고 수술 과정에 필연적으로 존재하는 통제 불가능성과 불확실성 탓에 외과 의사들은 모든 것이 자신에게 불리하다고 느끼게 되는 피해망상과 그로부터 기인하는 방어적 태도를 갖는다(Katz, 1981; Cassell, 1986; 1987).

성형외과 의사의 자기방어전은 수술실 밖에서도 치열하다. 성형수술의 경우 수술의 결정 및 결과에 대한 판단에 환자가 적극적으로 개입하기 때문에 수술실 밖의 상황도 예측과 통제가 어려워 의사의 불안은 더욱 커질 수밖에 없다. 2차 방어전이 펼쳐지는 곳은 대기실 혹은 상담실이다. 김 원장은 이 자기방어의 불안을 이렇게 드러낸다.

사실 수술한 환자가 보이면 일단 무서워. 처음에 딱 드는 생각이 '아, 뭐가 잘못됐구나'거든. 특히 싸움 잘하는 보호자랑 같이 오면 진짜 무섭다니까. 성형외과 의사들끼리 하는 말이 "무소식이 희소식"이라고. 그러니까 그냥 저쪽에서 아무 말 없으면 '아, 잘됐구나' 이러는 거지. "어떠세요? 좋으세요?" 물어보면 그냥 좋다고 하는 고객은 하나도 없어. 그렇게 물어보면 속으로 '어, 뭔가 잘못돼서 물어보는 거 아냐?'라고 생각하거나 아니면 "좋긴 한데요" 이러면서 꼭 컴플레인을 한다고.

성형외과 의사와 환자의 관계를 묘사하기에 '무소식이 희소식'만큼 적절한 표현도 없을 것이다. 완벽한 성공과 완벽한 실패보다 그사이 어디 즈음에 있는 환자들, 그래서 툭 치면 불만 몇 가지쯤은 말할 수 있는 환자들이 훨씬 더 많은 현실을 생각하면 김 원장의 말에 고개가 끄덕여진다.

사실 그 자신이 '싸움 잘하는 보호자'처럼 생긴 김 원장이 환자들을 무서워한다는 말이 처음에는 믿어지지 않았다. 그러나 실제로 몇몇 환자들을 지켜보면서 의사들의 두려움이 이해가 됐다. 갑자기 전화해서 7년 전에 수술했던 딸의 코가 비뚤어졌다고 따지는 환자의 아버지부터 자신이 요구하는 수술을 해주지 않아서 예뻐지지 않았다고 불만을 표현하는 중년 여성 환자, 그리고 수술한 쌍꺼풀이 풀렸다고 밤 12시에 상담실장에게 사진을 보내는 20대 환자까지 환자들의 불만은 예측할 수 없는 시기에 예측할 수 없는 방식으로 터졌다. 몇몇 상담실장들은 이렇게 통제와 예측이 어려운 환자들을 응대하며 받는 스트레스를, 그들을 '사이코'라고 부르며 풀기도 했다.

　수술이 끝난 환자들은 대부분 성형외과에 다시 나타나지 않는다. 환자들의 수술 후 경과 및 결과에 대한 데이터를 만들기 위해 환자들에게 다시 와달라고 부탁해도 여간해서는 오지 않는 것이 환자들이다. 최 원장은 수술 경과 관찰과 사진 촬영을 위해서 환자들에게 수술한 지 6개월 혹은 1년이 지난 후 재방문하면 수술비의 일부를 돌려주겠다는 조건을 내걸기도 했다. 효과는 없었다. 그만큼 수술이 끝난 환자가 의사를 다시 찾아오는 일이 자연스럽거나 흔한 일이 아님을 알 수 있다. 어떤 환자가 수술한 지 몇 달 혹은 몇 년 후 갑자기 찾아온다면 그것은 문제가 있다는 뜻이다. 어떤 이유에서든 수술 결과에 만족하지 못하기 때문에 의사를 찾는 것이다. 그래서 수술 후 환자의 예고되지 않은 방문은 의사에게 두려움의 대상이다.

병원 근처 고깃집에서 회식을 하는 날이었다. 최 원장 담당 상담실장과 간호사들만 참석하는 작은 규모의 회식이었는데 친한 유 간호사가 나를 초대했다. 퇴근 시간이 가까워오자 최 원장은 먼저 고깃집에 가 있겠다며 나갔고 유 간호사는 수술실 정리에 시간이 좀 걸릴 것 같으니 나라도 먼저 가 있으라며 눈치를 줬다.

고깃집에 도착하자 테이블 위에 소주병이 보인다. 자리에 앉자 나에게도 소주 한잔을 권한다. 원래도 늘 웃고 다니는 사람은 아니지만 그날은 확실히 기분이 좋지 않아 보였다. 아니나 다를까, 입에 소주 한잔을 털어넣은 최 원장이 그날 낮에 염증 치료를 받고 간 설아 씨 얘기를 꺼냈다.

"하필 변호사 될 사람이야, 소송 걸까 무섭게."

낮에 드레싱룸에서 봤던 그와는 전혀 달랐다. 최 원장은 소리내어 울지도 못하고 눈물만 뚝뚝 흘리는 설아 씨에게 형식적인 위로의 말조차 한마디 하지 않았다. 그저 설아 씨 볼에 항생제 주사기만 찔러넣을 뿐이었다. 환자가 저렇게 우는데도 아랑곳없는 냉정함이라니. 저렇게 무정해야 의사를 할 수 있나 보다 싶었다. 그랬던 그가 사실은 무서워하고 있었던 것이다.

그들의 두려움에는 실체가 있다. 환자의 불만과 수술 후 부작용은 법적인 문제로 연결될 수 있기 때문이다. 실제로 최 원장은 몇 건의 소송을 경험한 바 있다. 설아 씨 전에는 희선 씨가 있었다. 역시 수술 부위의 염증이 문제였다. 하악축소수술 후 수술 부위에 염증이 생겨 대학병원에 입원까지 해야 했던 아래 희선 씨의 경우 성형외과 측에서 병원 입원비를 일부 부담하는 것으로 일단락되었다.

그게, 제가 ○○대 병원에 입원했다가 퇴원했을 때도 좀 되게 안 좋았어요. 저는 병원비를 당연히 내주는 줄 알았어요. 그쪽 병원(청담성형외과)에서….
근데 병원비를 다 못 내주겠다는 거예요. 30퍼센트 내주겠다나, 반 내주겠다나 뭐, 그러는 거예요. 응, 조 실장님과 통화를 해서 이거는 진짜 말이 안 된다. 응, 물론 다 이해는 하지만, 누구 잘못이라고 말할 수는 없다고 하지만, 이거는 아니지 않느냐. 내가 수술비 돌려달라는 것도 아니고. 남들은 그런 거 돌려받는다면서요? 작은 것도? 근데 나는 그런 거 돌려달라는 것도 아닌데. 그래서 어쨌든 그거는 좀 잘 해결이 되었어요.

문제는 설아 씨나 희선 씨의 경우처럼 염증이 생기는 경우 원인이나 책임 소재를 분명히 밝히기 힘들다는 점이다. 담당 상담실장인 조 실장은 설아 씨가 수술 후 보름도 되지 않아 와인을 마시고 해외여행도 갔다는 사실을 들며 수술 자체의 문제가 아닐 것이라 추정하지만 증거는 없었다. 희선 씨의 경우 염증의 책임이 전적으로 의료진에게 있다고 보지만 역시 입증할 수는 없었다. 이런 문제가 생기면 대개 담당 상담실장이 환자와 의사 사이를 중재하며 재수술이나 수술비 환불, 치료비 대납 등으로 합의를 이끈다.

"우리가 아무리 조심해도 교통사고가 일어나듯이, 의료 현장에서도 예기치 않은 사고가 일어날 수 있습니다"라는 최 원장의 말처럼 염증이나 환자의 불만은 성형수술에서 정상적으로 일어날 수 있는 비정상적인 현상이다. 과학기술학자 브라이언 윈은 사고를 기술적 실행에서 완벽하게 통제할 수 없는 정상적인 현상으로 보았다(Wynne, 1988: 147-167). 이 정상적인 비정상이 환자를 갑자기 의사 앞에 나타나게 하고 의사로 하여금 환자를 두려워하게 만든다. 기대하지 않은 몸의 변화 앞에서 의사와 환자 모두 서로 적대적이고 방어적인 태도를 취한다.

[의사가 공격하는 의사]

성형외과 의사의 방어전 상대는 환자만이 아니다. 그들은 다른 의사들의 공격에 대해서도 스스로를 방어해야 한다. 성형외과는 다른 분과와는 달리 고유한 해부학적 영역이 없다. 해부학적 실체가 없다는 것은 근대 의학, 특히 외과에서 매우 독특한 특징이다. 성형외과 의사들이 대신 내세우는 것은 흉터 조직, 미세혈관, 연조직 등에 대한 전문성이다.

미국은 서저리surgery 밑에 플라스틱 서저리plastic surgery, 체스트 서저리chest surgery 등등이 있는데 우리는 아예 과가 나누어져 있어. 소화기와 유방암 쪽은 일반외과, 심장, 폐, 식도 쪽은 흉부외과, 뼈는 정형외과, 뇌와 척수는 신경외과, 얼굴복원은 성형외과…. 그러니까 외과에서 버려진 부분을 맡았던 성형외과인데 지금은 다들 덤비는 분야가 된 거지. 우리나라 성형 기술이 왜 세계적인 수준이 된 줄 알아? 타과 전문의들이 미용학회 같은 걸 만들어서 자기들이 그 분야 대가라고 주장하잖아. 이비인후과 의사가 코 성형 대가고, 안과 의사는 눈 성형 대가고…. 그런 식이지. 그래서 우리가 안 지려고 열심히 하다 보니까 지금 이 정도로 성형외과학회가 발전한 거야….

'성형외과가 다른 외과와 다른 점이 무엇인가?'라는 내 질문에 박 원장은 이렇게 답했다. 그는 "다들 덤비는 분야", "자기들이 그 분야 대가라고 주장", "우리가 안 지려고"와 같이 공격적인 표현을 사용했다. 그는 성형외과 의사는 한 부위만을 수술하지 않기 때문에 모든 부위의 해부학적 구조를 공부해야 한다고 말하며, 자신의 책장에 꽂힌 성형외과 개론서 전집들을 손가락으로 가리켰다.

최 원장은 성형외과 비전문의가 하는 수술을 "안경사가 검안을 한다든가, 미용실에서 박피를 하는 것"처럼 잘못된 일이라고 비판하기도 한다. 대한성형외과학회의 공식 홈페이지와 회보에서도 비전문의들이 성형외과 영역을 침범하는 문제에 대한 경계심과 위기감은 가장 자주 등장하는 이슈 중의 하나다. 아래는 2011년 『대한성형외과학회 회보』에 실린 회장의 신년사 중 일부다.

우리 대한성형외과학회에게도 학회의 규모와 회원수는 괄목할 만한 성과를 얻었으나, 고유한 해부학적 영역이 없고 비보험 분야를 다루는 문제로 경제 침체와 사회적인 불안정의 피해를 직접적으로 입게 되었습니다. 이러한 사회 분위기로 인하여 성형외과 의사에 대한 부정적인 이미지가 확산되고 여러 다른 분야들의 거센 도전에 직면한 한 해였습니다.

성형외과의 영역 문제가 가시화된 것은 성형외과가 아닌 전문의들이 모여 '대한미용외과학회'라는 학회를 설립하면서부터로 보인다. 2001년에 200여 명으로 시작한 이 학회는 2020년 현재 1,950여 명의 회원을 보유한 학회로 성장했으며, 두 학회 간의 공식적인 충돌은 2001년 대한성형외과학회가 "성형외과 전문의 구별법"이라는 광고를 내면서부터였다. 이에 맞서 대한미용외과학회에서는 2002년 "의료 선진국에는 이미 미용외과가 있습니다"라는 문구의 광고와 2003년 초 "그릇된 성형외과 선택으로 여러분이 고통받고 있습니다"라는 제목의 광고를 게재하며 광고 게재와 공정거래위원회 제소를 반복해왔다.

2003년 10월부터 비전문의와 전문의를 구분하는 병원 간판을 사용하도록 법이 공표되었지만 비슷한 시기 대한미용외과학회가 국내를 넘어서 다른 나라의 비전문의들과 함께 국제적인 학회를 주최하면서 대한성형외과학회는 더욱 적극적으로 대응하기 시작한다. 2004년부터 대한성형외과학회 산하에 각종 연구회들이 결성되기 시작한 것은 성형외과 전문의들의 위기의식을 반영한다. 다음은 대한미용외과학회의 홈페이지에서 학회 설립 취지를 설명하는 글 중 일부다.

미용외과aesthetic surgery, cosmetic surgery는 성형외과plastic surgery와 다릅니다. 성형외과가 비정상적인 신체를 정상적으로 만들기 위해 진료하는 분야인 데 반해 미용외과는 정상적인 신체를 좀 더 아름답고 젊게 만들고자 하는 분야입니다.

성형외과는 원래 재건수술이 주 영역으로, 성형외과 전공의 과정을 보면 주로 언청이나 함몰된 부위를 복구시키고, 미세 접합수술을 주로 배웁니다. 우리가 흔히 말하는 쌍꺼풀수술이나 코수술 등 미용수술은 성형외과의 전문 영역이 아닙니다. 미용수술은 안과, 이비인후과, 외과, 산부인과, 피부과 등 여러 전문 과목에 걸쳐 추구되는 종합의학 분야입니다. 쌍꺼풀수술에 대해서는 안과가, 코수술

에 대해서는 이비인후과가, 레이저 피부 시술에서는 피부과가 전문
분야라 할 것입니다. 사실이 이런데도 성형외과가 미용수술을 자신
의 전문 분야라고 말하는 것은 어불성설입니다. 성형외과 전문의는
재건 위주의 성형외과 전문의이지 미용외과 전문의가 아니기 때문
입니다.

위의 글에 따르면, 손상된 신체를 복원하는 수술과 미
세 접합수술은 '재건수술'로 성형외과의 영역이지만 쌍꺼
풀수술이나 코수술과 같이 흔히 '성형수술'이라고 알려진
'미용수술'은 해부학적 부위를 담당하는 전문의가 더 잘할
수 있는 영역이라는 것이 주된 주장이다. 성형외과를 전공
하지 않은 외과 의사의 입장에서 미용수술은 "외과 전문의
로서 수련받은 술기를 바탕으로 하고" 있기 때문에 "지식
을 습득하는 데 별다른 어려움이 없"으며(『의협신문』, 2009년
2월 16일), 어차피 "어디에서도 가르쳐주고 있지 않"은 시술
이기 때문에 미용수술에서 핵심이 되는 것은 시술 능력이
지 분과나 제도가 아닌 것이다(『데일리메디』, 2010년 1월 22일).
실제로 성형외과 교육 및 수련 과정에서 미용 목적
의 성형수술이 중심이 아니라는 점은 성형외과 의사들조
차 인정하는 사실이다. 대한성형외과학회 김용배 이사장은
"성형외과가 미용성형만 하는 것으로 잘못 알려져 있다"
면서 "실제 입술과 입천장 갈라짐 등 선천성 기형이나 화

상 재건 등 치료를 위한 성형이 먼저인데 외부에는 사행성 미용성형만 하는 것으로 비치고 있다"(『데일리메디』, 2010년 11월 6일)고 말한 바 있다. 치료를 위한 성형을 강조하는 성형외과의 논리가 오히려 미용외과학회의 주장을 옹호해주고 있는 셈이다. 실제로 대한성형외과학회는 대국민 홍보를 목적으로 얼굴 기형을 치료하는 무료 수술 봉사 등을 지속적으로 해오고 있다.

[**순수한 미용과의 거리두기** ───────────]

미용외과학회의 논리에 대항하는 이들이 내세우는 것은 미용이 단지 피부 한 꺼풀의 문제만은 아니라는 점을 부각시키는 것이다. 예를 들어, 성형외과 비전문의의 미용 수술이 단순한 술기의 차원에 그친다면, 성형외과 전문의들의 수술은 "단순히 째고 봉합하는 것이 아니라 근육이나 미세혈관 등을 재건시키기 때문에 단순한 미용으로 볼 수 없"(『데일리메디』, 2010년 11월 6일)다고 말하는 식이다. 최 원장은 아래와 같이 성형수술의 심리적 치료 효과를 강조하기도 한다.

성형수술은 개인의 부족한 자존감을 채우는 하나의 방법입니다. 즉 외모를 고쳐서 정신을 고양한다고 볼 수 있습니다. 그래서 저는 성형외과학을 정신외과학이라고 생각합니다. 정신과 의사는 상담과 약으로 정신을 치료하고, 저는 칼과 톱으로 치료하는 것입니다.

성형외과와 미용외과 사이의 갈등에서 주목해야 하는 것은 미용수술에 대한 태도다. 성형외과 의사와 미용외과 의사 모두에게 성형수술은 단순히 미용을 목적으로 하는 수술이 아니다. 미용은 미용으로서만 가치를 갖지 않는다. 성형외과 의사들은 성형수술이 '단순한 미용'을 위한 수술이 아니라 '정신외과학'임을 강조하고, 미용외과 의사들은 '단순한 미용'만이 아니라 기능적 개선까지 추구한다고 주장한다.

예를 들어, 코성형을 하는 이비인후과 의사의 경우 "단순히 미적으로만 코성형을 하는 것이 아니라 코의 내적 영역인 이비인후과의 모든 치료 부분까지 함께 시술해 환자들이 원하는 기능과 미용 두 가지의 만족도를 높"(『아이비타임즈』, 2010년 10월 20일)인다고 말한다. 양악수술을 하는 치과 의사들은 "양악은 치아의 위치가 변하는 것이기 때문에 구강학을 공부하지 않은 사람이라면 수술을 해서는 안 된다"(『메디칼투데이』, 2010년 8월 23일)며 양악수술이 치과의 영역임을 강조하기도 한다.

이렇듯 성형수술의 전문성을 두고 벌어지는 의사들

의 논쟁에서 드러나는 것은 심리적 상태나 신체적 기능을 개선시키지 않는 '단순한 미용'과의 거리두기다. 동시에 이것은 미용이 순수한 미용만의 문제가 아님을 상기시키기도 한다. 외모의 문제와 정신의 문제, 그리고 신체기능의 문제는 애초에 따로 떼어놓고 생각할 수 없다. 무엇보다 여성들이 환자의 대다수를 차지하는 성형수술이 "해부학적 영역이 없고 비보험 분야"이며 많은 의사가 "덤비는" 분야라는 사실은 의미심장하다.

성형외과 대 미용외과의 대립이 보여주듯 성형수술은 의사들 사이에서 인기가 높지만, 그 인기만큼 성형수술 환자에 대한 연구와 지식 축적이 활발하게 이루어져왔다고 보기는 어렵다. 성형수술에 대한 환자의 총체적 경험 중에서 주로 연구의 대상이 되는 것은 수술적 기술과 관련된 부분이다. 수술 후의 관리나 장기적인 관점에서 환자의 수술 경험 개선에 필요한 지식 축적은 거의 이루어지지 않았다는 뜻이다. 예를 들어, 가슴수술의 경우 성형외과 학계 차원에서 수술 후 발생할 수 있는 합병증에 대한 자료를 장기적 관점에서 축적하고 연구할 필요가 있다는 논의가 나온 것이 2009년 즈음이다.

특히 수술 후 환자의 삶에 대한 무지와 무관심은 성형수술을 개인의 일상에 가두고 각종 문제들을 개별 환자와 개별 의사의 책임으로 돌리게 한다. 공식적인 지식이 없는 상태에서 환자가 자신의 육체적, 심리적 변화에 활용할 수 있는 지식은 다른 환자의 경험이나 자신의 경험에서 얻은 실험적 지식뿐이다. 이런 사정은 의사들도 마찬가지라서 수술 후 환자를 어떻게 관리할 것인가는 개별 의사에 따라 다른 실정이다.

청담 성형외과에서 상담실장은 개별화된 환자의 삶과 개별화된 의사의 지식을 이어주는 매개자로서의 역할을 담당한다. 상담과 수술 후 과정에서 상담실장과 환자는 의사에게 털어놓지 않는 사소한 고민과 일상적 이야기를 나누는데, 이 중 일부만이 상담실장의 입을 통해 의사에게 전해진다. 이렇기 때문에 개별적 일상에 고립된 환자들은 문제가 생길 때에야 비로소 의사 앞에 갑자기 나타나는 것이다.

[성형수술을 더 불순하게 ───────]

사방에서 성형외과 의사를 공격한다. 수술실 안에서도 수술실 밖에서도, 환자들도 같은 대학에서 교육받은 동료 의사도, 그리고 나아가 사회 전체가 성형외과 의사를 욕한다. "우리(외과의)는 걔네들(성형외과의)을 의사로 보지 않아요. 걔네는 학교 다닐 때부터 돈에 대한 감각이 남

다르죠."(나윤경 외, 2009: 73-108) 성형외과 의사는 동료 의사에게조차 의사가 아닌 장사꾼으로 여겨진다. '의느님'으로 추앙받는 듯하지만 고맙다는 말을 가장 적게 듣고 사는 의사들이다.

"성형외과 의사들은 참 안됐어." 청담 성형외과에서 참여관찰을 시작한 지 두 달 정도 지났을까. 수술실 벽에 붙어서 숨소리도 크게 못 내고 있던 나에게 박 원장은 그렇게 말을 걸었다. 그는 막 환자의 허벅지에 리도카인을 주입했고 허벅지에서 지방을 빼내기까지 20분 정도 기다려야 할 참이었다. 그는 성형외과 의사들이 너무 쉽게 사회적 비난의 대상이 되는 이유가 의료와 관련된 사회적 문제에 잘 대처하지 못하는 "순진한" 자신들에게 있다고 했다.

과연 순진함이 문제다. 그러나 성형외과 의사의 순진함만 문제가 아니다. 성형외과 의사의 자기방어는 또 다른 순진함에 대한 대응이기도 하다. 어떠한 금전적 이득도 추구하지 않고 숭고한 의술을 베푸는 의사만이 진정한 의사라고 믿는 순진함, 단순한 미용만 추구하면 안 되고 정신적인 문제도 해결하고 기능도 개선해야만 진정한 의학이라고 믿는 순진함, 정상적인 성형수술이란 염증과 같은 부작용 없이 기대한 만큼의 결과가 나오는 성형수술이라고 믿는 순진함, 그래서 그런 의사와 그런 의학, 그리고 그런 성형수술이 아니라면 비난해도 좋다는 순진함 말이다.

이 순진한 믿음을 고수하는 대신 의사, 의학, 그리고 성형수술의 불순한 현실을 인정하면 어떨까? 최선을 다하여 수술하면서 돈도 벌고 싶은 의사의 불순함, 환자의 건강과 삶의 질 향상이 목적이지만 그것을 정신과 몸으로, 그리고 다시 몸의 여러 부위로 쪼개는 의학의 불순함, 원하는 변신과 함께 원하지 않는 염증과 부작용, 증상 등이 동반되는 성형수술의 불순함 말이다.

돈에 눈이 멀어 환자의 안위에는 아랑곳하지 않고 비윤리적 의료행위를 하는 의사를 이해하자거나, 환자의 총체적인 삶의 질로서의 건강이 아닌 해부학적 구조에 따라 전문화되어 있는 현재의 의료 체계를 수호하자거나, 수술에는 으레 염증이나 부작용이 뒤따르니 환자가 감내하자는 말이 아니다. 그러한 불순함을 전제로 발생할 수 있는 문제들을 예방하거나 해결하는 방안을 모색해야 한다는 말이다.

눈에 보이지 않는 윤리나 선의로도 부족하다. 의사와 환자 모두에게 자원이 될 수 있는 더 많은 사물과 더 많은 사람이 개입해야 한다. 수술 전후 상태를 보여주는 엑스레이 사진과 환자가 직접 읽어보고 서명한 수술동의서는 기본이다. 여기에 추가로 수술 후의 환자 만족도와 수술 결과를 객관화하고 평가하는 지표, 미용 같은 개인적 요구나 또 다른 사회적 요구를 의학적으로 재정의하고 탐구하는 분야, 그리고 수술 후 환자의 경과와 회복을 전문적으로 돌보는 인력과 이 과정에서 발생하는 문제를 처리하는 제도 등을 생각해볼 수 있다. 성형외과 의사가 이 모든 것을 다 할 수는 없고, '순수한' 의학으로 이 인력과 제도를 모두 대신할 수도 없다. 성형의 세계는 지금보다 더 불순해져야 한다.

코리안 스타일 vs. 강남 스타일

코를 예로 들면, 일반 스타일이 실리콘을 넣는 거라면 코리안 스타일은 자기 귀의 연골을 넣는 것입니다. 코리안 스타일은 더 자연스럽죠.

쌍꺼풀의 경우 (스마트폰으로 자신이 수술한 환자의 사진을 보여주며) 보통은 이런 절개를 세 군데 정도 내는데, 저는 3밀리미터 정도의 최소 절개로 쌍꺼풀을 만듭니다. 이 사진이 수술 직후의 모습입니다. 이렇게 상처가 없고 회복도 빠르고 자연스러운 수술이 바로 코리안 스타일이에요. 제가 개발한 거죠.

태국 시암 클리닉(가칭)을 실질적으로 소유하고 있는 회장과 마케팅 담당자인 그의 딸, 그리고 의사 두 명이 한국을 방문했다. 그들은 김 원장이 소유한 다른 성형외과와 계약을 맺고 시암 클리닉을 한국 성형외과의 협력 의원으로 홍보하는 대신 소정의 수수료를 지불하고 있었다. 나는 김 원장, 정 이사와 함께 두 성형외과 사이의 비즈니스 회의에 참석했다. 영어로 진행되는 이 회의에서 나는 청담 성형외과의 직원이자 한영 통역사의 역할을 맡았다. 우리는 청담 성형외과 근처에 이제 막 지어져서 입주할 병의원을 모집 중인 고급 빌딩의 회의실에서 만나 큰 탁자를 사이에 두고 마주 앉았다.

이 회의의 최대 안건은 두 의원 사이의 계약 관계의 종료 여부였다. 시암 클리닉의 소유주인 회장은 그동안의 사업적인 관계를 끝내고 김 원장과 우호적인 교류를 나누는 새로운 관계를 맺고 싶다는 말로 에둘러 계약 종료를 요구했다. 그에 따르면, 시암 클리닉은 그간의 계약 기간 동안 태국 내에서 코리안 스타일의 성형외과로 인지도를 얻었지만, 수수료를 지불할 정도로 충분한 수익을 창출하지는 못했다고 했다.

수술 이야기가 나오자 '닥터 킴'이라고 불리는 의사가 나서서 '코리안 스타일' 성형에 대해서 설명했다. 닥터 킴에게 코리안 스타일의 본질은 '자연스러움'에 있었다. 그것은 김 원장에게서 배운 특별한 기술이나 수술 기법이 아니라, 원래 존재하는 여러 가지 수술 방법 중 하나를 택하

86

거나 닥터 킴의 경우처럼 스스로 개발하는 것이었다. 코수술이든 쌍꺼풀수술이든 '자연스럽게' 하는 수술이 코리안 스타일이라면 굳이 김 원장에게 수수료를 치를 필요가 없는 것이었다.

김 원장 역시 코리안 스타일 성형이 특정한 수술 기법이나 기술을 의미하는 것은 아니라는 데에 동의했다. 그가 정의하는 코리안 스타일 성형은 한국의 변화하는 성형 트렌드가 지속적으로 반영되는 성형을 의미했다. 따라서 계약이 종료되고 김 원장이 더 이상 그 트렌드에 대한 정보를 제공하지 않게 되면 시암 클리닉과 닥터 킴의 성형수술은 온전한 의미의 코리안 스타일이 아니게 된다.

회의 결과, 한국와 태국의 두 성형외과 사이의 계약 관계는 종료되었다. 시암 클리닉의 회장에게 코리안 스타일 성형수술은 기껏해야 클리닉 대기실 한쪽 벽에 눈에 잘 띄게 걸어둔 "한국 의사와 찍은 사진"과 "한국 성형외과에서 받은 수료증" 정도의 실체를 갖는 것이었다. 김 원장은 아쉬워하면서도 닥터 킴에게 청담 성형외과의 수술을 한 차례 참관하게 하고 수료증을 수여한 다음 함께 기념 촬영을 하고 그들을 보냈다.

과연 코리안 스타일 성형이란 무엇일까? 닥터 킴의 다소 도발적인 주장에 김 원장 역시 코리안 스타일에 기술적 실체가 없음을 인정했다. 2009년에 베이징에 가서 직접 보았던 '한중미용의료문화제'가 떠올랐다. 당시 경인일보와 중국 문화부 소속 한중문화교류센터가 주최했던 이 문화제의 부제는 "한국영화주간과 함께하는 한국여성의 미"였다.

주최 측 설명에 따르면, 이 행사의 목적은 "한류열풍과 성형, 피부, 미용에 대한 관심[을] 증폭"시키고 "한국영화주간을 계기로 한국의료의 우수성[을] 확대"하며 "의료관광객 수요[를] 창출"하고 "의료관광상품[을] 개발"하는 것이다. 즉 일주일 동안 한편에서는 한국 영화를 상영하고 다른 한편에서는 "지자체 의료관광 설명회", "한국 의료기관 및 의료기기 전시 홍보", "미용메이크업 시연회" 등을 함으로써 "미용의료와 영화를 결합"하는 장을 만들겠다는 것이었다. 청담 성형외과는 유일한 한국의 성형외과로 부스를 배정받았다.

행사장 입구에 들어서면 크게 그려진 한국의 이명박 대통령과 중국의 후진타오 주석이 눈을 사로잡았다. 개막식장으로 들어서자 비현실적으로 가늘고 긴 여성들을 표현한 일러스트 그림으로 채운 현수막이 세로로 걸려 있다. 개막식 중 상영된 한국 홍보 동영상에는 한국 전통 문화를 상징하는 상투적인 이미지들에 이어, 잘 알려진 한국 여성 연예인들이 사진으로 등장한 다음 어떤 여성이 피부 시술을 받고 성형수술 상담을 받는 장면이 나왔다. 이

홍보 동영상의 마지막 장면에서는 이름을 알 수 없는 여성들의 얼굴이 클로즈업되며 "Beauty & the City, Seoul"이라는 자막이 등장했다. "Sex & the City, New York"을 패러디한 것임이 분명해 보였다.

개막식이 끝나자마자 나는 한 실장, 조 실장과 함께 핑크색 한복을 입고 부스를 지켰다. 청담 성형외과 직원이 아니라 '한국'을 대표하는 국가대표라도 된 기분이었다. 관람객에게 제공하는 홍보용 엽서의 한쪽 면에는 중국에서 인기가 많은 한국 연예인들의 사진이 채워져 있고, 성형외과 홍보용 배너에도 의료진이나 직원과 함께 포즈를 취한 한국 연예인들의 사진이 눈에 띄게 배치되어 있었다. 코리안 스타일은 그런 것이었다.

[코리안 스타일이 탄생하기까지 ────────]

코리안 스타일은 다중적이다. 여러 개의 코리안 스타일이 있으나, 그것들은 완전히 개별적으로 존재하지 않는다. 김 원장에게도, 태국 의사에게도, 그리고 중국의 의료 문화제에도 코리안 스타일은 존재했다. 코리안 스타일이 무엇인가에 대해서는 모두 다른 생각을 가질지라도 말이다. 그런데 서구 국가에 사는 이들을 만나면 재미있는 경험을 하게 된다. "동양 여자들이 쌍꺼풀수술을 하는 건 백인 여성의 눈을 갖고 싶어서이지 않아?" 내가 한국 성형수술을 연구한다고 밝히면 꼭 듣게 되는 질문이다. 외국 매체의 기자나 작가들과 인터뷰를 해도 꼭 받는 질문 중 하나다. 그동안 내가 만났던 서구 백인들은 여성이든 남성이든, 페미니스트이든 아니든, 성형수술 연구자이든 아니든 다 비슷했다. 그래서 이 문제는 한번쯤 짚고 넘어갈 필요가 있다.

쌍꺼풀수술을 예로 들어보자. 일제식민지 시절의 영향은 차치하고서라도, 한국 최초의 성형수술이 1950년대 미군에 의해 이루어졌음을 상기하면 성형수술이 인종주의와 뗄 수 없는 관계임을 알 수 있다. 한국 최초의 성형수술은 1950년대 미군 군의관 데이비드 밀라드가 한국인 남성 통역사와 한국인 여성에게 했던 쌍꺼풀수술이라고 알려져 있다. 남성 통역사는 치켜 올라간 눈 탓에 음흉해 보인다는 말에, 여성은 미군들에게 더 매력적으로 보이고 싶어 쌍꺼풀수술을 선택했다고 한다. 이들의 쌍꺼풀수술은 너무나도 명백하게 아시아 인종의 특성을 지우기 위함이다. 이 당시 한국의 성형수술은 미국에 거주하는 유색인종의 성형수술과 유사했다. 아시아 인종뿐만 아니라 흑인들도 백인과 닮기 위해 혹은 백인들의 집단 안에서 '통과'되기 위해 쌍꺼풀수술과 코수술을 했기 때문이다.

성형수술의 사회적 의미와 동기는 시대에 따라 달랐다. 1970년대 국내에서 비로소 성형외과 전문의가 배출되었으며 그들이 일간신문에 게재한 칼럼에는 심심치 않게 성형 상담을 받으러 온 상류층 부인이 등장했다. 1980년대에는 당시 호황이던 중국이나 미국의 성형 붐이 신문에서 비중 있는 해외소식으로 전해졌다. 소위 압축적 근대화가 진행되며 경제가 폭발적으로 성장한 1980~90년대의 성형수술은 그 의미가 또 달랐다. 이 시기의 성형수술은 그야말로 부의 상징이자 서구화된 라이프스타일의 상징이었다. 1990년대가 되면 신세대 혹은 X-세대 담론과 함께 자신을 위하여 소비하는 세대, 특히 화장이나 미용에 소비를 아끼지 않는 여성들에 대한 기사가 이어지고 성형수술을 한 여성 연예인의 '서구적 마스크'가 인기를 끌었다. 마치 성형수술한 여성의 얼굴이 한국의 경제성장과 서구화, 근대화의 상징이기나 하듯이 말이다.

따라서 한편에서는 분명 얼굴에 칼을 대는 여성들에 대한 우려와 비난이 있었으되 여성들의 성형수술은 전근대적인, 단아하고 전통적인 여성미와는 완전히 다른 여성의 주체성, 개성, (성적) 솔직함 등으로 해석되기도 했다. 여기서도 주목할 점은 성형수술에 대한 보도에서 이상적인 미로 제시되는 얼굴이 주로 백인 여성의 얼굴이었다는 점이다.

1990년대는 성형외과의 대이동이 있었던 시기이기도 하다. 주로 명동을 중심으로 강북에 포진되었던 성형외과들이 대거 강남으로 이동하거나 강남에서 신규 의원들이 문을 열었다. '압구정동 오렌지족'이라는 신조어가 등장할 정도로 문화적 패권이 명동에서 강남의 압구정동으로 넘어간 시기이기도 했다. 강남 스타일이 태어날 토양이 마련되었다.

　　21세기가 되면 성형수술의 풍경이 바뀐다. 그리고 그 변화는 IMF와 '한류'를 빼고는 설명할 수 없다. 1990년대의 황금기에 들이닥친 IMF라는 유례없는 경제위기는 한국 사회를 요동치게 만들었다. 기업들이 재구조화되어 노동자들이 해고되고 시장이 세계에 개방되어 경쟁력이 없으면 살아남지 못하는 시대가 되었다. 세계화로 바뀐 서구화가 이전과는 완전히 다른 의미를 갖게 되면서, 성형수술의 실천도 변했다. 신자유주의가 들이닥친 한국 사회에서 성형수술은 자기계발의 도구가 되었다. 부를 가진 자의 상징이 아니라 반대로 부를 얻기 위한 도구가 된 것이다. 이미 성형외과 중심지가 된 강남에 밀집한 성형외과 의원들 역시 시장을 확대하고 환자를 모집할 필요가 있었기에 수요와 공급이 맞아떨어지게 된 셈이다. 성형수술 환자의 대부분은 여전히 여성이었으나, 성형수술의 잠재적 고객으로 취업 준비 중인 젊은 남성과 직장에서 잘릴까 봐 걱정하는 중년 남성까지 호명되었으며, '동안' 열풍과 함께 예뻐지기 위한 성형뿐만 아니라 젊어 보이기 위한 성형이 제안되었다.

국경을 넘어 범아시아적으로 뻗어나간 한류 문화의 인기 속에서 한국 연예인의 외모에 대한 선호는 성형수술 및 화장품 등 미용과 관련된 산업의 호황을 설명하는 데에 필수적이다. 국내 시장에서의 치열한 경쟁 속에서 탄생한 '코리안 스타일'은 한류 문화와 함께 수출되어 한국을 대표하는 스타일이 되었다.

[강남 스타일이 코리안 스타일과 다른 점 ───────]

그런데 뭔가 이상했다. 닥터 킴이 말한 코리안 스타일의 핵심은 '자연스러움'인데, 비슷한 시기인 2012년 국내 인터넷 및 대중문화에서 성형수술과 관련되어 떠돌던 말은 자연스러운 아름다움과는 거리가 먼 '성형괴물'(성괴) 혹은 '의자매', '강남미인' 등이었다. 성형괴물은 성형수술을 과하게 해서 부자연스럽고 기괴해 보이기까지 하는 사람을 가리키는 말이며, 의자매나 강남미인은 성형외과가 밀집한 강남 지역에서 수술을 받는 여성들이 모두 비슷한 얼굴을 하고 있는 것을 가리키는 말이다.

쌍꺼풀수술을 예로 들었으니 눈에 주목해보자면, 성형괴물과 강남미인은 쌍꺼풀수술만이 아니라 앞트임, 뒤트임, 눈 밑 지방재배치 등의 시술까지 함으로써 부자연스럽게 폭과 길이가 커진 눈을 가지고 있는 것이 특징이다. 서구 백인 여성의 눈과 흡사한 정도로 따진다면 쌍꺼풀수술만 하는 것보다는 이렇게 여러 가지 시술을 함께 하는 편이 훨씬 더 비슷해진다. 그런데 이렇게 백인 여성의 눈과 닮게 만드는 성형수술을 한 여성은 성형괴물이나 강남미인으로 불리며 비난을 받는다. 대놓고 동양인의 인종적 특징을 지우기 위해 쌍꺼풀수술을 했던 시절에도 이런 비난을 받았을까?

코리안 스타일은 자연스럽지만, 강남 스타일은 부자연스럽다. 그래서 전자는 일종의 성형수술 브랜드가 되어 잘 팔리는 상품이 되지만, 후자는 그것을 비꼬고 조롱하는 재현물의 대상이 된다. 2012년 싸이의 〈강남 스타일〉이 전 세계적인 인기를 끌게 된 것도 그런 맥락일 것이다. 서양인들 눈에는 백인종과 아시아인종 간의 위계적 차이가 지워진 코리안 스타일보다는 혼종성이 강하게 드러나는 강남 스타일이 더 흥미로울 것이다.

코리안 스타일의 자연스러움이란 백인 여성을 표준으로 하는 미가 아니라, 아시아 여성을 기준으로 하는 미를 의미한다. 다르게 표현하면, 코리안 스타일의 성형은 인종을 바꾸는 성형이 아니라 인종 안에서 바뀌는 성형이다. 백인종과 유색인종 사이의 위계 대신 동일 유색인종 내부에서 위계를 두는 수술이다. 아시아 여성이 닮고자 하는 여성은 백인 여성이 아니라 예쁜 아시아 여성이다. 한류가 한국 의료산업에 준 영향은 한국 여성 연예인에게 예쁜 아시아 여성의 대표성을 주었다는 점이다. 이제 위계는 백인, 아시아인, 흑인이 아니라 백인 표준, 백인 미인, 아시아인 표준, 아시아인 미인, 흑인 표준, 흑인 미인이라는 구분으로 세분화되었다.

어떤 성형외과 의사들은 인체 계측을 통해서 인종별 눈의 해부학적 차이를 여덟 개의 변수로 나누어 설명하기도 한다. 측정 결과, 쌍꺼풀 모양의 경우 아시아인들은 눈꺼풀과 평행한 반면 백인들은 평행하지 않아 눈꺼풀의 절반 정도는 매몰되어 있다고 한다. 그러니 해부학적으로도 각자의 인종에 속하는 여성들은 다른 인종을 닮으려고 애쓸 필요가 없다. 아니 오히려 다른 인종을 닮으려고 하면 괴물 소리를 들을 수도 있다. 동일 인종 안에서 더 아름다워지고자 하는 노력은 최소한 인종주의의 혐의에서는 자유로우며, 성형의 결과 역시 훨씬 자연스러울 것이다.

그러나 인종주의, 즉 인종과 인종 사이의 위계가 완전히 사라진 것은 아니다. 오히려 더 교묘하게 숨겨졌다고 보는 편이 옳다. 표준 아시아 여성의 작은 눈이나 표준 흑인 여성의 뭉툭한 코는 인종적 특성이 되어 제거의 대상이 되지만, 표준 백인 여성의 특성은 백인 인종적 특성으로 명명되거나 제거의 대상이 되지 않는다. 인체 계측과 같은 과학적 방법론은 작은 눈이나 뭉툭한 코가 '왜' 미인의 특징이 아닌지에 대해서는 말해주지 않는다. 미인의 얼굴이 '어떻게' 표준 얼굴과 다른지 말해줄 수 있을 뿐이다. 그것이 코리안 스타일의 과학이다.

[질문으로 답해야 할 질문]

다시 내가 수없이 들었던 질문으로 돌아가보자. 한국 여성은 서양 여성의 눈을 닮기 위해 쌍꺼풀수술을 하는가? 한국 여성은 서양 여성의 오똑한 코를 닮기 위해 코수술을 하는가? 1970~80년대에 그 질문을 받았다면 그렇다고 대답해야 했을 것이다. 1980~90년대에 이 질문을 받았다면, "왜 꼭 주어진 얼굴 그대로 살아야 해?"라고 당차게 받아쳤을지도 모르겠다. 그러나 21세기에 질문을 받은 나는 같은 대답을 할 수 없다. 일단 실제로 성형수술을 결정하고 받는 한국 여성들의 머릿속에 할리우드 배우는 거의 없다고 해도 과언이 아니다.

청담 성형외과 리셉션 데스크에서 한가한 시간에 삼

삼오오 모인 상담실장들은 인터넷에 뜬 할리우드 여배우의 사진을 보며 감탄하지 않는다. 대신 서양 여자들의 피부가 얇아서 빨리 처진다거나 턱이 각져서 인상이 세 보인다거나 피부가 하얘서 잡티가 많다는 등등의 이야기를 하는 경우가 훨씬 많다. 모든 서양 여성이 아름답게 쌍꺼풀 진 눈과 오똑한 코를 가지고 있지 않듯이, 많은 한국 여성이 쌍꺼풀 진 예쁜 눈과 오똑한 코를 지니고 태어난다는 당연한 사실을, 성형외과에서 일하는 그들도 그리고 성형외과를 찾는 환자들도 모르지 않는다. 인종주의는 그렇게 단순하게 작동하지 않는다.

21세기 성형의료산업은 인종차별을 정당화하는 이데올로기 대신 디지털 기술과 숫자로 이루어진 과학에 기대어 발전해왔다. 앞에서 보았듯이 이제 아름다운 얼굴은 과학적으로 규정되고, 한국과 서구의 수많은 미인 사진이 이 보편적인 미에 대한 이론을 뒷받침한다. 인종주의는 이 미인들을 2차원에 재현하는 디지털 기술과 숫자가 만든 과학의 가장 밑바닥에 놓여 있다. "왜 이들이 '미인'인가?"라는 아무도 묻지 않는 질문으로서 말이다.

일단 질문에 대해 답을 하고 또 다른 질문을 살펴보자. 한국 여성은 서양 여성의 큰 눈을 닮기 위해 쌍꺼풀수술을 하는가? 아니오. 한국 여성은 서양 여성의 오똑한 코를 닮기 위해 코수술을 하는가? 아니오. 21세기 한국 여성은 더 예뻐지기 위해서, 예쁜 한국 여성을 닮고 싶어서 성형을 한다. 그런데 왜 작은 눈과 뭉툭한 코는 예쁘지 않은 것이지? 언제부터? 이 질문에 답해야 할 의무와 책임은 한국 여성에게 있지 않다.

'성형괴물' 또는 한국의 오를랑

[나의 오를랑을 소개합니다 ────────── **]**

"우리 책 써야지. 맨날 책 쓴다 쓴다 말만 하면서. 서점에 가보면 자기계발서가 제일 잘 팔리더라. 그런 거 하나 써보자."

"음, 난 생각이 좀 다른데. 난 다음 책은 성괴에 대해서 써보고 싶어서 말이야…."

"뭐? 성괴? 그게 뭐야?"

"아, 성형괴물. 왜 있잖아, 성형중독이거나 성형을 많이 해서 이상해 보이는 여자들을 그렇게 부르잖아."

"야, 너 지금 나보고 성괴라는 거야?"

"어? 아, 아니. 네가 그렇다는 게 아니야. 그런 사람들 인터뷰도 하고 해서 책을 쓰고 싶단 거지."

"뭐 어떤 의미에서는 나 성형중독 맞지. 계속 보톡스도 맞고 1년에

한 번씩 리프팅도 하거든. 안 하면 처지니까. 조금이라도 처지는 것 같으면 시술을 하니까 중독이라면 중독이지. 그래서 뭐, 무슨 책을 쓰고 싶은 건데?"

"사람들이 성형에 대해서 갖는 선입견이랄까, 그런 걸 좀 깨는 책을 쓰고 싶어. 예를 들면, 성형이란 한 번 하면 계속하게 된다거나 성형을 하면 다 똑같이 생기게 된다거나 하는 거 말이야."

"그래? 성형을 한 번 하면 계속한다고? 나야 뭐 그렇지만 넌 안 하잖아? 그리고 똑같다고? 너랑 나랑 똑같냐? 사람들 나 보면 수술한 줄 모르던데? 오히려 건드리지도 않은 코랑 입술 성형했냐고만 물어보고. 크크."

　　손 팀장은 언제나 시원시원하다. 예쁜 도자기 인형 같은 얼굴과 어울리지 않게 웬만한 남자들보다 더 크게 느껴지는 키에 말투조차 거침이 없다. 다른 일로 나왔다가 나를 만나겠다고 학교까지 찾아왔는데, 학교 안 카페에서 만난 손 팀장은 여느 때에 비해서 더 튀어 보였다. 수수한 얼굴과 차림으로 앉아서 책을 보거나 일을 하는 학생들 틈에서 손 팀장은 연예인처럼 이질적으로 도드라져 보였다. 우리는 자주 함께 책을 쓰자는 이야기를 나눴다. 손 팀장은 자신의 수술 경험에 대해서 글을 쓰는 것에 망설임이 없었다. 성공하고 싶다고 했다. 책을 써서 사람들에게 많이 알려지고 강연도 다니고 싶어 했다. 여자들에게 성공과 도

전, 행복, 자기계발의 메시지를 전하고 싶다고도 했다.

손 팀장을 생각하면 나는 오를랑Orlan이 떠오른다. 프랑스의 행위예술가 오를랑은 성형수술 퍼포먼스로 잘 알려져 있다. 오를랑은 1990년부터 1993년까지 총 9회의 성형수술을 하고 그 과정을 행위예술과 미술작품으로 보여주는 작업을 했다. 오를랑은 〈성녀 오를랑의 환생〉La Réincarnation de Sainte Orlan(1990~1993)이라는 작품을 통해서 서양 미술사의 옛 거장들이 그린 명화 속 여성 인물들의 신체를 모방한 얼굴을 만들고자 했다. 오를랑은 다섯 명의 그림 속 인물들에게서 가장 아름다운 부분을 가져오기로 했다. 레오나르도 다빈치가 그린 모나리자의 이마, 프랑수와 제라르가 그린 프시케의 코, 보티첼리가 그린 비너스의 볼, 16세기 퐁텐블로파 화가가 그린 다이애나의 눈, 그리고 귀스타브 모로가 그린 유로파의 입술이었다. 원래 총 10회로 계획된 성형수술은 1993년 12월 14일의 아홉 번째 수술을 마지막으로 종결되어, 결국 이 중 프시케의 코는 가질 수 없었다.

오를랑은 컴퓨터 프로그램으로 각각의 부위를 합성해서 서구 미의 전범이라고 할 만한 얼굴 모델을 만들어냈고, 그것을 자신의 얼굴에 적용했다. 1993년 11월 21일 뉴욕에서 이루어진 일곱 번째 수술은 미국 CBS TV쇼인 《20/20》이 제작을 담당하고 위성을 통해 뉴욕, 파리, 토

론토의 미술관에서 실시간으로 중계되었다. 몸은 뉴욕의 수술대 위에 있지만 그러한 몸의 이미지는 시차와 지역을 초월해 어디에나 존재한다고 해서 〈편재〉Omnipresence(1993)라는 제목이 붙었다. 오를랑은 국소마취만 했기 때문에 수술을 하는 중에도 관람객이나 의료진과 대화를 나누거나 텍스트를 낭독하는 등의 행위를 할 수 있었다. 이 퍼포먼스 당시 '최후의 만찬'에서 예수가 했던 표현을 패러디해 "이것은 내 몸이다. (…) 이것은 내 소프트웨어다"라고 선언하기도 했다.

오를랑의 성형수술 퍼포먼스는 여성성, 외모, 주체성과 연관된 몸, 테크놀로지 등에 대해 다양한 메시지를 던지는 것으로 해석되어왔다(신채기, 2002; 이수안, 2017; 조윤경, 2011; 전혜숙, 2016). 크게 두 가지로 정리할 수 있다.

첫째, 오를랑의 작품은 지배적인 미의 기준에 순응하는 미인을 양산하는 성형수술을 다양한 방식으로 비판한다. 우선 서양 미술사에서 중요시되는 회화 작품에 등장하는 아름다운 여성의 얼굴을 반복적으로 차용함으로써 서구적 여성미를 비판하는 독특한 정치성을 구현한다. 일반적인 성형수술이 수술하지 않은 듯한 자연스러운 미를 추구하는 데 반해, 오를랑의 성형수술은 수술 과정을 공개함으로써 성형수술의 비가시성에 정면으로 도전한다. 결정적으로 아홉 번의 성형수술을 거친 오를랑의 얼굴은 전형적인 미인보다는 '괴물' 이미지에 가깝다. 관자놀이 양쪽에 보형물을 넣어 마치 뿔이 난 사람처럼 보인다. 일부러 그로테스크한 얼굴을 만들어 자발적으로 괴물이 됨으로써, 성형수술을 페미니스트 도구로 전유하고 페미니스트적 미의 대안을 제시하는 것으로 볼 수 있다.

둘째, 오를랑의 성형수술 퍼포먼스에서 몸이 매우 중요하게 부각된다는 점에 주목해보자. 1993년 작품에서 오를랑은 성형수술 후부터 41일 동안 회복 중에 있는 자신의 얼굴을 매일 한 장씩 사진으로 담아 컴퓨터로 합성된 41개의 초상화 이미지와 나란히 붙여놓는다. 몸이 변형되고 수정되는 과정을 가시화함으로써 성형수술이 추구하는 이상적인 몸의 허상 대신 물질로서의 몸, 물질화 과정에 놓인몸을 보여준다. 더 직접적으로는, 수술 과정에서 추출된자신의 피를 사용해 그림을 그린다든지, 지방이나 살점 등을 방부액에 넣고 '성유물'이라는 이름으로 판매하는 방식으로 몸의 물질성을 드러내기도 했다. 이런 걸 '아브젝트 abject 예술'이라고 부른다. 관객들로 하여금 혐오감이나 불쾌감 등을 느끼게 하면서 사회적으로 금기시되는 주제를다루는 것이다.

오를랑의 성형수술 장면은 그 자체로도 그로테스크하다. 국소마취로 고통을 느끼지는 않는다지만 얼굴의 일부가 절개되어 속살을 드러내고 피를 흘리는 사람을 편안한 마음으로 바라보기란 쉽지 않다. 하지만 이렇게 몸의 노출이 주는 혐오감은 몸의 물질성에 대한 우리의 감각을 환기시키는 역할을 한다.

[성형미인의 다양한 이름들]

20세기 프랑스에 오를랑이 있었다면 21세기 한국에는 다양한 이름으로 불리는 성형미인들이 있다. '강남미인', '의자매', '성형괴물'(줄임말 '성괴'), 혹은 '강남성괴' 등이 이에 해당하며 모두 '자연미인'의 반대편에 존재한다.

'강남미인'은 강남에 성형외과 의원이 밀집되어 있다는 통계적 사실과 직결된다. 2014년 국세청이 집계한 '전문·의료·교육 서비스업 현황'을 보면, 서울시 전체 성형외과 수는 전국의 51.6퍼센트인 671개이고, 이 가운데 강남·서초구에만 539개가 몰려 있다. '강남미인', 즉 강남에서 많이 보이는 미인이라는 것은 그들이 그곳의 성형외과 의원에서 수술을 받은 이들임을 암시한다. '의자매'는 의사 혹은 의료기술이 만든 자매, 즉 성형수술을 받으면 자매처럼 비슷한 얼굴이 된다는 의미로 성형수술을 통해 실현되는 미적 기준의 획일성을 강조한다. 성형미인에 대한 혐오에 가까운 부정적인 인식을 가장 잘 보여주는 명칭은 '성형괴물'이다. 괴물이라는 단어는 성형한 얼굴이 주는 위화감이나 인위성, 과도함 등을 극단적으로 보여준다. 강남미인과 성형괴물이 합쳐져 '강남성괴'라고 불리기도 한다. 이러한 용어들의 가장 큰 공통점은 주로 성형미인을 비난하거나 희화화하는 맥락에서 사용된다는 점이다.

대중적으로 가장 잘 알려진 성형괴물의 예로는 마인드C라는 웹툰 작가가 그려서 2013년 초 화제가 되었던 〈강남미인도〉가 있다. 이 그림은 18~19세기 조선시대의 화가 신윤복이 그린 〈미인도〉의 패러디로, 한복을 입고 전통적인 머리 모양을 하고 있지만 손에는 수입 명품 가방과 선글라스를 들고 하이힐을 신은 현대 한국 여성의 모습을 담고 있다. 성형수술을 직접적으로 언급하고 있지는 않지만 과도하게 튀어나온 이마나 높은 코, 큰 눈과 작은 턱 그리고 특유의 입매가 성형미인의 정형화된 모습을 나타낸다. 젊은 한국 여성을, 서구 문화를 맹목적으로 추종하고 서구인의 얼굴을 닮아가려고 애쓰는 사람들로 우스꽝스럽게 묘사한 이 그림은 여성혐오라는 비판을 받은 바 있다.

성형괴물이라고 불리는 이들 중 누구도 오를랑과 같은 예술가는 아니다. 그럼에도 그들의 존재는 마치 퍼포먼스처럼 관객을 갖는다. 한국 여성 중 성형수술을 받은 이의 비율이 높다는 것은 국제적으로도 잘 알려진 사실이다. 국내외적으로 한국의 성형미인들은 한국 성형외과 분야가

자랑하는 세계적 수준의 의료기술과 한국 사회를 지배하는 외모지상주의 이데올로기가 만들어낸 스펙터클로 소비된다. 이 스펙터클을 앞에 두고 한국인들은 부끄러워하고 외국인들은 놀라워한다. 한국의 성형미인들은 진지한 우려를 가장한 호기심 어린 언론보도를 통해, 그리고 이들을 과학기술주의와 외모지상주의라는 이데올로기의 희생양으로 바라보는 학자 및 지식인들에 의해 전시되고 분석된다. 특히 강남미인이나 성형괴물로 불릴 정도로 '티가 나게' 성형수술을 한 여성들, 미용 목적의 성형수술을 한 여성들의 존재가 그러하다.

물론 성형수술을 받은 모든 여성에게 동일한 관심이 쏟아지는 것은 아니다. 선천적인 기형이나 원치 않는 사고 등에 의해서 손상된 외모를 복구하기 위한 성형수술이나 심각하게 저해된 신체적 기능을 회복하기 위한 치료용 성형수술을 받은 이들도 관심의 대상이 될 수는 있다. 그러나 이 경우 사람들은 훨씬 더 너그럽다. 그러한 성형수술은 마땅히 행해져야 하는 것이기에 여느 의료행위와 다를 바 없이 성스럽고 윤리적인 것이 된다.

성형미인을 손가락질하는 관객들의 시선은 성형수술을 받을 필요가 없음에도 받은 이들을 향한다. 그들은 소위 정상적인 신체를 가지고 있음에도 적극적으로 외모지상주의 이데올로기에 순응하고, 획일적인 미의 기준을 육화하고자 노력했다고 여겨지기 때문이다.

['괴물'과 '미인'을 가르는 얄팍한 기준 ───────]

관객들이 신체 재건이나 의학적 필요에 의해서 행해진 성형수술에만 너그럽다고 생각하면 오산이다. 많은 관객의 눈은 사실 그다지 심오하지 않다. 그들의 윤리는 얄팍하다. 성형수술을 얼마나 어떻게 받았든 겉으로 보아 자연스러운 외모, 즉 성형수술을 한 티가 거의 나지 않는 외모를 갖게 된 이들이라면 비난이나 우려에서 훨씬 자유로울 수 있다. 다음 사례를 보자. 한 케이블 방송사의 예능 프로그램에 여러 차례 성형수술을 받은 두 여성이 등장했다. 그런데 이들의 실제 얼굴이 공개된 후 두 남성 진행자의 반응이 아주 흥미롭다.

[자막: 예뻐지기 위해 성형을 택한 사람들]
[자막: 성형미녀에게 직접 듣는 성형 실태]
두 성형미녀의 성형 전 사진이 화면에 나온다.
[자막: 둘이 합쳐, 총 성형 횟수 30회, 총비용 6,000만 원]
[자막: 스튜디오에 직접 모신 성형미녀 2인]

[자막: 비싼 얼굴]

두 여자가 가면을 착용하고 등장한다.

남자 진행자 1   뒤에 있는 사진들이 본인들 사진 맞습니까?

성형미녀   네!

남자 진행자 2   전혀 손을 대기 전인가요?

(한 사람은 성형 전 사진, 다른 한 사람은 성형을 한두 번 했을 때의 사진이다.)

남자 진행자 1   보통 사람들은 한두 번 하는데 (…) 이 얼굴보다도 더 많이 바뀌었다?

[자막: 드디어 가면 벗은 얼굴 공개]

남자 진행자 2   (바로) 사랑합니다!

남자 진행자 1   굉장히 부자연스러울 거라고 생각했는데 (…) 수술이 참 잘됐다는 생각이 드네요.

두 남성 진행자는 최소한 한 사람당 십수 차례에 이르는 성형수술을 한 두 여성을 소개하며 수술 전 얼굴 사진을 공개한다. 성형 전 사진 속 여성의 얼굴은 화장기 없이 수수하고 평범한 모습이고, 성형을 한두 번 했을 때의 사진이라는 여성의 얼굴은 성괴를 희화하는 인터넷 창작물에서 흔히 보이는 유형의 부자연스러운 얼굴이다. 이쯤 되면 십수 번의 성형을 한 이후의 얼굴이 얼마나 이상하고 부자연스러울지 기대가 되지 않을 수 없고 두 진행자 역시 표정에 그런 기대감이 역력하다. 그러나 두 성형미녀가 가면을 벗고 카메라가 그중 특히 한 여성의 얼굴을 클로즈업하자 반전이 일어났다. 두 남성 진행자가 벌어진 입을 다물지 못한다. 화면에 등장한 성형미녀의 얼굴은 내가 봐도 깜짝 놀랄 정도로, 괴물은커녕 성형수술을 한 것 같지 않을 정도로 자연스럽고 또 예뻤다. 게다가 두 여성의 얼굴은 똑같지 않았다. 만약 이 두 여성이 흔히 성형괴물이라고 불리는 전형적인 얼굴을 하고 있었다면 반응은 달랐을 것이다. 성형수술을 한 여자 가운데 오로지 강남미인이나 성형괴물일 때에만 스펙터클이 된다.

내가 성괴 이야기를 꺼내자 손 팀장은 이 방송 프로그램을 나에게 알려주며 의미심장한 미소를 보냈다. "대박이지? 저거야. 사실은 주변에 성형한 여자들이 많은데 자연스러우니까 눈치 못 채고 (…) TV에 나오는 연예인들이나 잘못된 사람들만 보고 성괴를 욕하는 거지." 손 팀장 역시 양악수술을 포함하여 여러 종류의 성형수술과 미용시술을 받았지만 그 사실을 모르는 사람들에게 그녀는 그저 예쁜 여자일 뿐이었다.

대부분의 성형미인들은 우리 주변에서 자연스럽게 자연미인들과 섞여 살아간다. 사실상 '괴물'과 '미인'의 기준은, 얼마나 많이 성형을 했고 얼마나 맹목적이고 적극적으로 지배적인 미의 규범을 따랐는가와는 무관해 보인다. 심지어 성형미인과 자연미인의 차이는 얼마나 무의미한가? 인위적인 개입이 전혀 없는 자연미인은 도대체 몇이나 될 것인지는 차치하고, 그 사실 여부를 당사자가 말하지 않으면 알 수 없는 것이 이 구분의 최대 맹점이다. 성형수술을 30회 했다 해도 보기에 티가 나지 않고 예뻐졌다면 그만이고, 성형수술을 한 번 했어도 보기에 기괴하다면 사람들은 그를 보며 혀를 찰 것이다. 일례로, 한 케이블 방송의 프로그램에서 총 28회의 성형수술을 해서 "강남미인도녀"라고 불렸던 한 여성은 자신을 성형괴물이 아닌 성형미인으로 규정했다. "성형괴물은 성형했는데 이상한 거고 성형미인은 성형했는데 예쁜 거다"라는 근거로 말이다.

[내가 한국의 오를랑을 좋아하는 이유]

내가 이들의 존재를 퍼포먼스라고 보는 이유는 이들의 존재가 무엇인가를 수행하고 있다고 생각하기 때문이다. 행위예술가 오를랑의 성형수술 퍼포먼스와 비교해보

자. 성형괴물이라고 불리는 여성의 몸은 오를랑의 몸처럼 지배적인 미의 규범에 어긋나 있다. 그런 점에서 이 둘의 효과는 비슷하다. 성형괴물과 오를랑의 얼굴을 보고 관객의 대부분은 "오, 정말 아름답군"이라고 말하지 않을 것이다. 물론 이 하나의 공통점을 제외한다면 이 둘은 상당한 차이가 있고 나는 둘 중 21세기 한국 여성들이 보여주는 성형수술 퍼포먼스가 훨씬 더 흥미롭다고 생각한다.

우선 성형괴물 퍼포먼스와 오를랑의 퍼포먼스는 애초의 동기 자체가 다르다. 오를랑이 대놓고 주류적인 미의 기준을 해체하려는 의도를 가지고 있었다면, 한국의 성형미인은 지배적인 미의 이데올로기에 철저하게 순응하고자 한다. 전자의 퍼포먼스는 페미니스트의 정치적 행위인 반면, 후자는 오히려 정반대다. 성형수술을 하면서도 페미니스트 전사가 될 수 있었던 것은 오를랑이 예술가이고 예술 행위의 일환으로 성형수술을 했기 때문이다. 우리 주변에서 볼 수 있는 대부분의 성형미인들은 예술가가 아니며 페미니즘을 실천하기 위해 성형을 택하지도 않는다. 그런데 바로 그 점 때문에 후자의 성형수술이 훨씬 더 강력한 효과를 갖는다.

현실적으로 오를랑처럼 성형수술을 할 수 있는 여성은 많지 않다. 오를랑처럼 자신의 몸을 재료로 쓰는 예술가가 아닌 다음에야 누가 이마에 뿔을 넣는 성형수술을 감행할 것인가? 반면 미인이 되기 위해 성형수술을 선택하는 여성들은 이미 많고 앞으로도 많을 것이다. 성형괴물 퍼포먼스는 아름다워지기 위해서 성형수술을 하는 여성이 아름답다는 찬사를 받지 못할 수 있다는, 나아가 조롱과 혐오의 대상이 될 수도 있다는 메시지를 준다. 페미니스트가 되지 못할까 봐 성형수술을 망설이는 여성보다 괴물이 될까 봐 성형수술을 주저하는 여성들이 더 많은 한, 성형괴물의 존재는 성형수술을 선택하지 않을 이유가 될 수 있다.

오를랑과 한국 성형괴물의 퍼포먼스에는 차이가 또 있다. 한국의 성형괴물이 오를랑보다 더 미묘하고 더 아슬아슬하게 '정상'과 '비정상'의 경계를 넘나든다는 점이다. 둘 다 아름답지 않고 둘 다 부자연스럽지만 눈이 크고 턱이 작은 얼굴보다는 이마에 뿔이 달린 얼굴이 더 비정상적으로 보인다. 이마에 뿔이 달린 얼굴은 현실에서 성형외과 광고 모델이 될 수 없지만, 큰 눈에 작은 턱의 얼굴은 지하철역 성형외과 광고판에서 보게 될 수도 있다. 누군가에게는 성형괴물로 보일 수도 있겠지만 말이다.

관객들은 각자 다른 생각들을 할 것이다. '코가 성형한 티가 나기는 하는데 예쁘다'라고 생각할 수도 있고, '수술 전 튀어나온 입이 더 매력적이다'라고 판단할 수도 있다. 성형미인이 못생기게 타고난 사람과 예쁘게 타고난 사람의 사이를 비집고 들어가는 과정에서 미추의 경계는 본의 아니게 조금 밀리거나 뒤틀리거나 충돌한다. 반면 오를 랑의 얼굴은 미의 경계 밖에 멀찌감치 놓여 있는 것이 너무나 분명해서 정작 기존 미의 규범에는 조금도 흠집을 내지 못한다. 한국의 성형괴물들은 자연스러움과 인위적임, 정상과 비정상, 못생김과 아름다움의 경계를 어지럽힌다는 점에서 오를랑보다 훨씬 더 강력한 퍼포먼스의 주인공이 된다.

손 팀장은 내가 아는 최고의 퍼포머. SNS 프로필 사진 속 그는 언뜻 성형괴물처럼 보인다. 눈은 만화 캐릭터처럼 너무 크고, 턱은 말 그대로 '빗살무늬토기'로 보일 정도로 너무 작다. "어휴, 내가 성형을 여기서 멈춰서 다행이야"라는 마음속 말이 저절로 나온다. 손 팀장을 만나면 뭐라고 말을 해줘야 하나 괜한 걱정을 하기도 했다.

'괜한 걱정'이라는 표현을 쓴 이유는 막상 손 팀장을 직접 만나보면 그런 생각이 전혀 들지 않기 때문이다. 아주 자연스러워 보이지 않을 수는 있지만, 그는 항상 예뻤다. 사진 보정 애플리케이션으로 만들어진 사진 속 그의 얼굴과 실제 그의 얼굴이 같을 것이라고 생각했던 나의 순진함이 부끄러웠다. 인터넷에 떠도는 사진들을 보며 성형한 여자들을 걱정하거나 비난하거나 조롱한 적이 있다면, 사진 속의 여자들이 실제와 똑같을 것이라고 믿는 스스로의 순진함을 탓하자. 당신의 비난과 조롱은 당신이 그들보다 도덕적으로 우월하기 때문에 주어지는 것이 아니다. 당신은 그들이 선보이는 퍼포먼스의 관객이 되었을 뿐이다. 어쩌면 성형괴물에 대해서 왈가왈부하는 사람들일수록 성형괴물을 사진으로만 보고 실물은 보지 못했을 수도 있다. 이미 수많은 성형미인들과 함께 살아가고 있다는 사실은 모른 채 말이다.

II

성형의 폭력

[수술날 ──────────────────────────]

캐리어에 간단하게 짐을 챙겨 넣고 병원으로 향한다. 늘 출근하던 것처럼. 지하철을 타고, 버스를 타고. 병원은 그대로다. 그리고 나는 들떠 있다.

한 시간 후면 시작이다.

원장님이 켜놓은 비올라 연주 소리가 들린다. 어젯밤 잠은 잘 잤지만 충분히 잔 편은 아니라 졸린다. 그래도 맘이 썩 나쁘진 않다. 이정도면 적당히 아무 생각 없고, 적당히 긴장되고, 적당히 걱정도 되는 상태인 듯하다. 수술 자체에 대한 걱정보다는 뜬금없이 수술 날짜를 생일로 잡을걸 그랬나 하는 생각이 든다.

난 그냥 자고 일어나면 된다.

지금 생각해보니 수술 자체에 대해서 아는 게 거의 없다. 뭐 꼭 모든 걸 알고 무슨 일을 하는 건 아니니까.

원장님이 클래식을 듣고 있다. 크게. 괜히 흥분되고 기분이 좋아진다. 그도 그래서 수술 전에 이렇게 음악을 듣나 보다. 이어서 직접 연주하는 비올라 소리도 들린다. 가끔 일찍 출근했을 때 그의 상담실에서 이렇게 비올라 소리가 들리곤 했는데 그때도 수술이 있는 날이었나 보다. 클래식 음악과 성형수술이라니, 멋있다.

난 마취할 때 어떤 약품을 쓰는지도 모르고 구체적으로 내 몸이 어떻게 되는 건지도 모른다. 그나마 나 정도면 많이 알고 있는 거 아닐까 싶기도 하고.
수술에 대해서는 더더구나 아는 바가 없다. 뼈를 자르고 스크루를 박는 것 정도 외에는.
아무튼 아픈 건 전혀 없지만 깰 때쯤이면 무지 답답할 거고 숨도 안 쉬어질 거고 만취 상태처럼 내 몸을 못 가눌 것이고 내 맘대로 아무것도 되지 않는, 아마도 말 안 듣는 몸에 갇혀버린 느낌이 들지 않을까. 그러니까 난 이제 낯선 몸을 대면하게 될 것이다. 통제 불가한 몸. 점점 적응하고 통제할 수 있게 될 몸이지만 말이다.

내 머리에 너무나 익숙한 몸이 다른 몸이 되어버린다는 것. 어떠한 사전 경험도 지식도 없기 때문에 어떻게 해야 할지 모르는 머리는 두려움을 느낄 거고, 결국 나의 두려움은 모르는 것에 대한 두려움 이다.

실제로 이 수술로 내 몸이 그렇게 위험에 처하는 건 아니라는 사실, 그러나 결국 실제보다 더 큰 두려움이 날 압도하게 되리라는 사실. 그러니 당황하고 두려워하는 나를 침착하게 바라보고 새로운 내 몸 과 협상해나가는 것, 그게 아마도 수술 후 나의 모습이 아닐까.

아 참, 그리고 예뻐진다는 것. 그러니까 다른 한편에서 나는 그토록 원하던 모습, 새로운 모습을 하고 있는 날 보고 신나기도 하겠지?

원장님의 방에 들어간다. 붕붕 떠 있는 느낌. 무서울 것은 없다. 차트를 넘기는데 언뜻 내 얼굴 사진이 보인다. 환하게 웃고 있다. 예 쁘다는 생각이 들 정도로. 순간적으로 '아, 이렇게 예쁜데 수술을 해 야 하나?'라는 생각이 든다.
"어, 원장님, 저 지금도 예쁘네요!"
그러자 그가 피식, 어이없다는 듯, 웃는다.

나는 마치 여행을 가는 것처럼, 처음 가보는 장소로 멀리 떠나는 버 스를 타기 직전처럼 긴장하고 있지만 긴장하고 있다는 것조차 느끼지 못할 만큼 흥분되어 있다. 도대체 무슨 일이 일어날까? 많이 봐왔다고 생각했는데, 익숙할 거라고 생각했는데, 그 상황에 내 몸이 있을 때와 아닐 때는 천지 차이다. 주변을 둘러보면 매일 봐온 똑같은 장소와 사람들. 이 모든 게 일상일 그들의 차분함에 지금 이 상황이 너무나 비현실적으로 느껴지기도 한다. 살짝 멀미가 날 것 같다.

"임 코디님, 올라가실까요?"
이제 수술실로 간다.

수술날은 생일 10일 전이었다. 신기하다. 이 날짜는 이미 몇 달 전에 잡혔다. 처음 상담받은 날로부터 1년 이상 지난 날짜다. 이 수술을 받기 위해 나는 약 1년 전부터 치아교정을 했고 일주일 전에는 수술에 쓸지도 모를 내 피를 미리 뽑아놓았다. 수술 후에 돌봐줄 사람이 필요했기에 친척 어른에게 신세를 지겠다고 미리 양해까지 구해놓았다. 그렇게 오랫동안 나는 이날을 위해 준비했다. 그런데도 수술 직전이 되자 나는 한 번도 경험하지 못했던 상태가 되었다.

갑자기 지금 이대로의 내가 예뻐 보이는 건 미용실에 가기 전에 흔히 겪는 일이다. 그런데 나는 다시 기르면 그만인 머리카락을 자르는 것이 아니라 턱뼈를 자르는 것이다. 짧은 머리로 잠깐 사는 것이 아니라 달라진 턱, 달라진 얼굴로 평생을 살아야 하는 것이다. 그건 어떤 삶일까? 어떤 느낌일까? 다른 얼굴의 나에게는 무슨 변화가 있을까?

물론 이런 질문들은 수술실에서는 무의미했다. 수술실은 그런 몽글몽글한 질문들을 허용하지 않는 차가운 곳이다. 수술실에 들어서자 마치 누가 내 뺨을 세게 후려치기라도 한 것처럼 갑자기 너무 무섭고 억울한 상태가 되어 있었다. 수술대는 너무 딱딱하고 추웠다. 간호사들이 다 들어와서 분주하게 오갔고 마취과 의사도 보였다. 그들은 모두 바빠 보였기 때문에 내 이야기를 할 만한 상황이 아니었다. 팔에 벨트가 채워졌고 누워 있는 내 몸 위로 수술포가 몇 겹이나 드리워졌다. 할 수 있는 것은 아무것도 없었다. 나는 너무나 무력했다.

수술대에 눕자마자 나는 정말 환자가 되어버린다.

IV(정맥주사)를 하나 더 잡아야 해서 팔뚝, 손목, 발등에 계속 주사기를 찔러댄다. 머리를 묶고 소독약을 바른다. 피 뽑는 것도 무서워하는 나는 바늘이 여기저기로 계속 들어오는 것이 무서워 죽겠지만 주변에 온통 아는 사람들인 데다 정신도 없다. 제 발로 수술한다고 와서는 아프다고 하기도 민망하다. (⋯) 그러다가 생각했다. 그냥 내 몸을 내버려두자. 내가 감각 하나하나까지 다 컨트롤해야 한다는 생각을 버리자. 아픈 건 그냥 아픈 거지. 거기에 의미를 부여해서 공포를 더하진 말자.

난 그냥 수술대 위의 몸이다. 수술 대상일 뿐이다. 그냥 내버려두자. 수술대 위에서 난 의식적으로 몸과 마음을 분리한다.

이후의 기억은 없다. 10부터 거꾸로 세라는 마취과 의사의 말에 "10"만 했던가, 아니면 "10, 9"까지 했던가? 그것도 기억에 없다. 간호사의 목소리를 듣고 의식이 돌아왔을 때 숨이 안 쉬어져서 가슴이 너무 답답했고 온몸이 부들부들 떨리며 추웠다. 내 얼굴에 둘러진 두꺼운 붕대가 턱뼈를 고정시켜서 입을 열 수조차 없었다. 교통사고를 당하면 이런 기분일까? 의식이 없는 몇 시간 동안 무슨 일이 있었던 걸까?

["치료는 폭력을 정당화한다", 그렇다면 향상은? ─────]

퀴어 장애인 작가인 일라이 클레어Eli Clare는 『빛나는 결함』Brilliant Imperfection이라는 책에서 치료의 폭력에 대해 이렇게 썼다. "치료는 폭력을 정당화한다." 수술실에서 몸에 가해지는 폭력은 치료를 위한 것이다. 그렇게 수술실에서 내가 당했던 폭력은 정당화된다. 나는 부정교합을 치료하기 위해 그 폭력을 허락했다. 나는 더 예뻐지기 위해, 더 작고 여성스러운 턱을 갖기 위해 그 폭력을 선택했다. 치료뿐만 아니라 향상도 폭력을 정당화한다.

물론 이것은 클레어에 대한 오독이다. 클레어가 말한 폭력은 치료의 이데올로기적인 측면을 말한 것이지, 수술실에서 내 몸에 가해진 일련의 의료행위들을 지칭하는 것은 아니다. 클레어는 치료가 몸의 차이를 없앰으로써 고유한 개인 그리고 고유한 차이를 정체성으로 하는 개인들의 집단을 제거한다는 점에서 폭력을 정당화한다고 썼다. 이러한 폭력은 보통 생존하기 위해 그리고 정상적인 몸과 마음을 갖기 위해 어쩔 수 없이 치러야 하는 비용이나 부작용으로 여겨진다.

그렇지만 그것은 어쩌면 완전한 오독은 아닐지도 모른다. 폭력은 육체적이면서 이데올로기적이니까. 치료의 이데올로기로서의 제거와 상실은 사실 수술실에서 일어나는 일 그 자체다. 의사는 실제로 내 턱뼈의 일부를 제거했고, 나는 실제로 턱뼈의 일부를 잃었다. 치료의 이데올로기는 수술대 위에 눕기 전까지는 폭력으로 느껴지지 않았다. 나는 턱을 제거하고 싶었고, 미래에 올 상실을 떠올리며 설레고 또 조금은 애도를 상상하기도 했다. 그리고 그 제거와 상실이 실제로 내 몸에 일어날 순간이 닥치고서야 그것이 폭력임을 비로소 깨닫게 되었다. 하지만 그때는 너무 늦었다. 나의 몸에 가장 극단적인 폭력이 가해지는 그 순간을 나는 기억하지 못한 채 깨어났다. 수술이 끝난 직후 상실에 대한 애도의 시간 따위는 주어지지 않았다. 내 얼굴에 벌어진 폭력 현장을 수습하는 것만으로도 나는 매일매일이 벅찼으니까.

사이보그가 되기 위해
현실적으로 생존하자

나는 적극적 생명정치는 유한성에 대한 것이자, 더 잘 살고 더 잘 죽는 것에 대한 것이며, 할 수 있는 한 가장 잘 키우고 잘 죽이는 것에 대한 것이라고 생각한다. 가차 없는 실패에 열려 있으면서 말이다. (…) 적극적 생명정치는 아마도 꽤 좋은 구절일 테다. 그러나 슬로건으로 잘 작동하지는 않을 것이다. "사이보그 선언"에 대한 꽤 좋은 슬로건은 엘리자베스 버드Elizabeth Bird가 생각해냈다. "현실적인 생존을 위해 사이보그가 되자."

—Donna Haraway, *Manifestly Haraway*, The University of Minnesota Press, 2016, pp.227~228.

수술 1일째

최악의 날.

기억나는 게 거의 없다.

아침 일찍 부모님은 내려가시고.

아침, 오후에 가끔 최 원장님이 올라와서 괜찮은지 보고 가고.

그럼 난 또 기운이 나서 "감사합니다" 인사하고.

주사 맞고 약 먹고 아이스팩 하고.

몸 상태는 계속 안 좋아져서 이제 감기 기운이 느껴진다.

하루 종일 멍하니 있다. 자다가 깨다가 (…) 화장실 다녀오는 김에 링거 끌고 괜히 어슬렁거리기도 한다.

코가 계속 막히니까 답답하다. 입으로 숨을 쉬려니 입이 계속 마르고 목이 아프다.

게다가 감기 때문인지 콧물이 흐르기 시작한다. 목이 더 아파진다.

하루 종일 시간이 어떻게 갔는지 모르겠다.

배고프면 두유, 초코우유 등을 그냥 생각날 때마다 계속 먹고 가글한다.

진짜 최악은 밤이었다.

126

옆에 아무도 없다.

너무 더워서 옆의 보조 침대에서 벽에 베개를 쌓아놓고 기대어 앉아 자기 시작했다.

자다가 계속 깬다. 자고는 싶은데 자꾸 깨니 미치겠다.

너무 괴롭다. 다들 자고 내 옆엔 아무도 없다. 나도 자고는 싶은데 잘 수가 없다. 코로 숨을 쉬고 싶은데 쉴 수가 없다.

수술 2일째

얼굴이 정말 최악으로 부어 있다.

감기까지 걸리니 꼴이 더 말이 아니다. 완전 팅팅 부었다.

이제 붕대를 풀고 '땡김이'를 착용하기 시작했다.

붕대를 풀면서부터 웨이퍼를 물고 있어야 한다. 웨이퍼를 문 상태에서 고무줄로 입을, 위아래 턱을 묶어놓았다.

너무 많이 부었다고 눈, 코, 입만 뚫린 마스크 땡김이를 쓰라고 한다. 이걸 쓰고 있으면 너무나 답답하다. 정말 너무 답답하다.

붕대를 푼 것만으로도 무척 시원했지만 부어 있는 얼굴이 훨씬 더 적나라하게 드러난다. 정말 너무 부어 있다. 너무 부어 있어서 "와, 내 얼굴이 이렇게 변했구나" 따위의 감흥은 전혀 없다.

친한 친구 둘이 다녀갔다.

학교 후배들이 온다고 하는데 오지 말라고 했다.

학교 사람들한테는 이 추한 모습을 보이고 싶지 않았다. 굳이 이런 모습까지 다 보여줄 필요는 없다.

이 순간의 기록을 자세히 남겨야 하는데 도저히 글을 쓸 수가 없다. 무언가에 집중하는 것 자체가 힘들다. 생각하는 것조차 힘들다.

수술 3일째

드디어 퇴원하는 날이다.

링거를 떼고 환자복을 벗는다.

병원을 떠나려니 걱정도 되지만, 집에 가면 더 편할 거라고 다들 말해주었다.

정말 집에 오니 편했다.

왜 사람들이 아픈데 병원에 가기 싫어하고 집에 있고 싶어 하는지 공감이 된다.

병원에 있으면 정말 '아픈 사람'으로만 존재하고 갇혀 있는 느낌이지만, 똑같은 상태라도 집에 있으니 훨씬 정상인이 된 느낌이고 답답함도 덜하다.

이제부터 나의 관심사는 어떻게 하면 체력을 보충할까, 어떻게 하면 잘 먹을까.

일주일 동안은 이렇게 웨이퍼를 입에 문 채로 액체로 된 음식과 음료수만 섭취해야 한다.

손 팀장을 비롯한 많은 사람들이 "잘 먹어야 빨리 낫고 염증도 안 생긴다"고 하는 바람에 닥치는 대로 먹기로 했다. 그리고 무엇을 먹었는지 매일 일지를 쓰기로 했다.

몸은 계속 나른하다.
엄마는 계속 냉찜질해준다고 아이스팩을 내 얼굴에 대고 있다.

점심: 고깃국물, 토마토주스, 우유, 약
저녁 7시: 홍삼액, 토마토주스
저녁 8시: 국, 요구르트, 약
저녁 11시: 오렌지주스, 철분제

먹고 식염수로 가글하고 조금 이따가 또 식염수로 가글하고. 이게 나의 일과다.
눈에 보이는 변화는 없다. 입술은 여전히 너무 많이 부어 있고 오른쪽 입가로 마치 퍼런 침이 흐르는 것처럼 멍이 시퍼렇게 들어 있다. 그래서인지 상태가 더 안 좋아 보인다.

수술 4일째
자는 게 괴로우니까 아침에 일찍 일어나게 된다.
6시에 일어났다. 가만히 있으면 더 붓는다고 해서 자려고 애쓰는 대신 깨어 있기로 했다.

입술이 너무 부은 것 같아서 땡김이를 다시 하기 시작했다.

오후 느지막하게 또 산책을 나갔다. 완전히 몽롱한 상태로. 걸으면서도 너무 졸렸다. 어떻게 이렇게 졸릴 수가 있지? 얼굴의 붓기는 그 무게가 느껴질 정도로 엄청나다.

그래도 이렇게 하루 종일 아무것도 안 하고 놀 수 있어서 행복하다. 고모랑 엄마의 보호와 간호 속에서 이렇게 놀기만 해도 된다니 최고다.

다 잘될 거다. 최 원장님을 믿으니까.

요즘 내 삶은 수술 직전까지의 삶과 완전히 다르다. 학교, 공부, 일… 모든 걱정과 스트레스는 잠시 내려놓았다. 게다가 공간적으로도 내 집이 아닌 새로운 곳, 고모집에 와 있어서 모든 게 달라졌다. 과거와 단절되는 느낌이다. 그래, 이게 내가 바라는 거였잖아. 과거를 잊는 것. 온전히 쉬는 것. 그리고 다시 시작하는 것.

입가와 턱 쪽이 찌릿찌릿하기 시작했다. 조금씩 감각이 돌아온다는 신호다. 즐기고 있다.

이제 코피도 덜하다. 가끔씩만 난다.

아침: 호박즙, 우유, 로열젤리 앰플, 요구르트, 바나나우유

오전: 고깃국물, 호박즙, 콩우유

저녁: 호박즙, 홍삼액, 국

자기 전: 오렌지주스, 철분제

수술 5일째

아침에 일어났는데 메스꺼운 느낌이 들면서 왠지 턱이 아픈 것 같다. 염증이 생겼나? 무서워진다. 수술 효과가 없는 것보다 더 무서운 게 염증이다. 정말 가장 무서운 게 염증이다. 염증이 생겨서 정말 환자가 되는 것이 무섭다. 무섭다.

엄마와 아파트 놀이터에 나와서 산책을 하고 사진도 찍었다. 엄마의 보살핌을 받는 존재가 되고 보니 아기 때로 돌아간 느낌이다. 물론 내 기억이 있는 순간부터 나는 엄마의 기대에 부응해야 하는 존재, 똑똑하고 공부 잘하는 딸이 되어야 했지만 분명히 지금처럼 엄마가 내게 아무것도 바라지 않고 건강하게 자라기만을 바라는 시간들이 있었겠지. 그 시간들로 돌아간 기분이고, 엄마도 지금 내 얼굴이 아기 때 얼굴이라고 하신다. 아련하고 좀 슬프기도 하다.

역시 하루 종일 졸리다. 온몸이 땅으로 빨려 들어가는 느낌이다. 짧은 문자를 보내다가도 도중에 깜빡 잠이 들 정도다. 미친 듯이 졸리다. 휴, 졸리면 그냥 편하게 자야겠다.

잠깐 나가서 산책하고 돌아왔다. 잘못되지만 않는다면 지금이 딱 좋다. 온전히 나만을 위한 시간을 갖는 것이 좋다.

열심히 안 산다고, 게으르다고 뭐라고 하는 사람도 없고, 그냥 잘 먹고 잘 쉬기만 하면 되니까. 언제 또 이렇게 편하게 쉬어볼 수 있을까.

아침: 호박즙, 국, 요구르트, 로열젤리 앰플

점심: 콩우유, 국

저녁: 초코우유, 콩우유

밤에 깨서 전자레인지에 팩 돌려서 온찜질하고 가글하고 잤다.

수술 6일째

수술 만족도? 오히려 자신감이 떨어졌다. 바로 예뻐지지는 않으니까. 매일매일 거울을 보고 셀카를 찍어 확인하면서도 도저히 예뻐졌다는 생각은 들지 않는다. 지금 내 모습은 예쁨과는 거리가 멀다.

불안하고 무섭다. 내 몸의 여러 가지 증상들이 날 두렵게 한다.

이가 잘 맞고 있나? 고무줄로 묶어놓았음에도 웨이퍼가 딱 맞지 않았기 때문에 교합이 맞지 않거나 미드라인이 맞지 않는 등 뭔가 잘못된 채로 뼈가 굳어버리는 게 아닌가 하는 걱정이 들었다.

혀는 괜찮나? 처음에 웨이퍼를 끼면서 턱을 맞출 때에도 혀가 끼면서 아팠다. 그 후에도 너무 아파서 쓰러질 정도로 혀가 벌에 쏘이는 듯한 통증이 있었다. 이 통증이 여전히 가끔씩 있다. 혹시 혀의 신경이 끊어졌나 싶기도 하고 반대로 신경이 돌아오면서 나타나는 증상인가 싶기도 하다. 급기야 인터넷에 '구강암' 증상을 검색해봤다.

과연 붓기는 언제 빠질까? 병원에서 다른 사람보다 많이 부었다는 얘기를 들었다. 열심히 찜질을 한다고 하지만 하루하루 차도가 보이지는 않고 붓기 때문에 얼굴이 더 넓적해 보인다. 도대체 언제 예뻐 보이는 걸까? 혹시 지금 부은 이 상태로 얼굴이 고정되는 것은 아닐까? 혹은 붓기 탓에 얼굴살이 늘어지는 것은 아닐까?

코가 다시 예뻐질까? 수술하면서 코끝을 모아서 묶었기 때문에 코도 부은 상태이고 게다가 양쪽 코의 비대칭이 눈에 띄기 시작한다. 시간이 지나면 예쁜 코가 되는 건지 대칭은 맞게 되는 건지 걱정이 된다.

수술 7일째

아침: 우유, 로열젤리 앰플, 콩우유, 요구르트, 홍삼액, 호박즙

점심: 밥물 2컵, 딸기우유, 두릅나무액, 보리차

오후: 호박즙, 보리차, 콩우유, 모과액

저녁: 초코우유, 콩우유, 밥물 2컵, 오렌지주스, 철분제

10시에 병원 예약이 있어서 고모와 택시를 타고 함께 다녀왔다.

최 원장님이 웨이퍼를 다시 손봐주셨다. 웨이퍼를 잠깐 빼면 아래턱이 덜렁덜렁 돌아다니는 느낌이다. "가글 잘하고 있냐? 가글 잘해라." 최 원장님이 매번 하는 말.

나를 두피 관리하는 의자에 눕힌 채로 간호사가 머리를 감겨주었다. 일주일 만에 머리를 감았다. 고주파 관리까지 받고 집에 오니 12시가 다 됐다.

하루 종일 아무 일도 안 하는데 시간은 잘 간다. 뭘 하는 것 자체가 아직은 힘들다. 심지어 인터넷조차 못 하겠다. 정말 단순하게 살고 있다. 심오한 생각을 할 필요도 없고 할 수도 없다. 시간이 가면 나아지겠지.

힘들다. 내 몸이 너무 낯설다. 늘 당연히 하던 일을 할 수 없다는 건 늘 당연히 쓰던 방식으로 몸을 쓸 수 없다는 뜻이다. 의식조차 없이 몸을 쓰던 방식을 더 이상 쓰지 못한다는 건 고통이다. 코 대신 입으로 숨을 쉬는 일이 이렇게 힘들 줄이야. 게다가 입을 벌리지도 못한 채 모든 음식을 갈아서 마셔야만 하다니. 프라이드치킨이 너무 먹고 싶어서 치킨을 갈아 마셨다는 손 팀장의 얘기가 이제는 웃기지 않는다.

안다. 변화하기 위해서 이 시간이 필요하다는 사실을. 이건 일시적인 시간이라는 사실을. 어느 날엔가는 분명 짠 하고 변한 내 모습을 볼 수 있겠지. 보고 싶다. 그래 그렇게 예뻐질 수만 있다면 이 정도 고생은 괜찮다. 염증이 생기지만 않으면 된다!

코피가 완전히 멈췄다.

수술 65일째

집이었다. 자고 있다가 '앗, 내가 또 습관적으로 아래턱을 빼고 잤나? 장치를 안 하고 잤나?' 이런 생각을 하며 잠에서 깨서 화장실로 향했다. 위턱과 아래턱을 이리저리 맞춰보는데 뭔가 계속 안 맞는 느낌이었다. 턱이 돌아간 것 같기도 하고. 아랫니가 윗니 안으로 들어가야 하는데 뭔가 안 들어가는 느낌이랄까. 그래서 힘을 빼고 턱을 아래로 푹 떨어뜨리고 맞춰보다가 고개를 들어 화장실의 거울을 보는 순간! 엉망이 된 이가 눈에 들어왔다. 이럴 수가! 이가 들쭉날쭉할 뿐만 아니라 아랫니 중앙선도 왼쪽으로 완전히 틀어져 있었다. 말 그대로 엉망진창이었다.

내가 그동안 장치를 잘 안 껴서 그런가? 다시 원래대로 돌아간 건가? 바로 이런 생각이 들었다. 그러나 상태는 더 심각했다. 수술 전으로 돌아간 게 아니라 수술 전보다 더 심해진 것이다. 특히 윗니 중 앞니 두 개가 손을 쓸 수 없을 지경이었다. 툭 튀어나와 있는 데다가 둘 중 왼쪽 이는 워낙 썩어버려서인지 이빨이 있어야 할 곳에 잇몸이 있고 그 끝에 썩은 이가 간신히 붙어 있는 꼴이었다. 그 앞니를 살짝 만지는데 툭 하고 힘없이 떨어져버렸다. 세상에 앞니가 빠져버렸다! 어떻게 나에게 이런 일이 생긴 거지? 어떻게 해야 하지? 빨리 최 원장님한테 전화해야겠다는 생각이 들었다. 아니 빨리 병원에 가야겠구나.

빠진 이를 손바닥에 고이 올려놓은 채 침대에 걸터앉으며 벌벌 떨다가 문득, '그래, 나 이런 꿈 자주 꿨잖아. 이것도 꿈일 거야'라는 생각에 이른다. 그렇지만 모두 너무 진짜인데? 내 방도 그대로이고 너무나 생생하다. 난 소리를 지른다. 방 안 가득 크게 비명소리가 울려 퍼진다. 비명소리. 그래도 긴가민가할 뿐 얼른 깨지 않는다. 아, 꿈이 아닌가? 그러면 내 이빨 어떡하지?

그러다가 언제 깼는지 모르겠지만 어쨌든 깼다. 난 꿈을 꾼 게 확실했다. 내 이는 장치 안에 곱게 잘 있다.

수술 3,250일째

집에 가는 길이었다. 예전 집이었다. 어릴 때 살던 단독주택. 걸어가는데 하늘을 날던 비행기가 갑자기 땅으로 곤두박질치더니 콰 폭탄이 터지는 듯한 진동이 느껴졌다. 그 충격 탓에 내 턱이 떨어져 나갔다. 아니 위턱과 아래턱이 이빨이 붙어 있는 채로 앞으로 튀어나와 있었다. 얼른 입안으로 끼워 넣었지만 어딘가 맞지 않고 덜그럭거렸다. 아래턱만 더 튀어나온 것 같기도 하다. 최 원장님을 찾아야 했다. 들고 있던 휴대전화로 병원 전화번호를 누르는데 눌러도 눌러도 이상한 번호만 찍힌다. 결국 저장된 번호도 찾지 못했다. 수없이 누르고 눌러도 버튼은 말을 듣지 않는다. 급기야 병원까지 찾아갔다. 대기표까지 뽑았던 기억은 나는데 그 이후로는 잘 기억나지 않는다. 깼었다가 다시 자면 다시 꿈속의 상황이고 그러다가 다시 깨기를 반복했다.

잊을 만하면 이런 악몽을 꾼다. 나만 그런가? 나랑 같은 수술을 한 사람들은 어떨까? 다른 성형수술을 한 사람들은? 예뻐지려고 하는 성형수술이 아니라, 치료를 위해 수술한 사람들은 어떨까? 갑자기 팔이나 다리를 잃어 의족이나 의수를 한 사람들은 어떨까? 젠더 디스포리아를 완화해주는 수술이나 호르몬 치료를 하는 사람들은? 궁금함이 꼬리에 꼬리를 문다. 다들 아무 일 없이 잘 살고 있는 걸까?

성형 후 디스포리아

수술이 끝난 지 보름 남짓 지났지만 나는 여전히 집순이다. 이놈의 붓기는 도대체 언제 가라앉는 것인지…. 여전히 부어 있는 얼굴을 거울에 비추어 보다가 또 한숨이 나왔다. 아무 생각 없이 TV나 봐야지 싶어 TV를 켜고 채널을 이러저리 돌려보다가 유명 메이크오버 쇼 프로그램을 보여주는 채널에서 멈추고야 말았다. 이런 류의 프로그램이 흔히 그렇듯 성형수술 신청자들 중 사연의 절실함과 수술 후 변화 가능성 등의 기준으로 선정된 이들이 실제로 수술을 받고 최종적으로 변화한 모습까지 보여주는 프로그램이었다.

이런 프로그램을 보는 것은 세 가지 면에서 짜증나는 일이다.

첫째, 성형수술을 원하는 사람들, 주로 여성들이 너무 불쌍하게 묘사된다. 다들 너무나 절박하고 우울해 보여서 나도 저런 삶을 살아왔나 싶은 생각을 하게 만든다. 성형수술을 하려면 꼭 저렇게까지 절실하고 상처투성이여야 하나?

둘째, 이런 프로그램에 등장하는 사람들의 외모는 외형적으로도 심각할 뿐만 아니라 기능상에도 문제가 있는 경우가 많다. 이가 다 빠져서 외모가 흉할 뿐만 아니라 음식을 제대로 먹지도 못하는 사람이 대표적인 예다. 지금도 예쁜데 더 예뻐지고 싶어 하는 사람이 나오는 법은 없다. 누가 봐도 못생겼거나 외모뿐만 아니라 기능에도 심각한 문제가 있어야 성형을 해도 욕을 안 먹는구나 싶다.

마지막으로, 여기 나오는 사람들의 수술 결과는 언제나 성공적이다. 수술 전과 달라지는 것은 말할 것도 없고 패널로 나온 연예인들과 비교해도 뒤지지 않는 외모의 소유자가 되어 나타난다. 도대체 나는 왜 저렇게 안 되는 거지? 아니 쟤네는 수술을 한두 가지 하는 것도 아니고 저렇게 풀메이크업에 조명까지 있잖아. 결국 저렇게 꾸미지 않으면 성형을 해도 별수 없는 건가? 아니면 내 수술이, 내 몸이 문제인 건가?

[자막   드디어]

[자막   오늘의 주인공을 소개합니다]

무대 뒤에서부터 서서히 등장하는 주인공의 모습이 보이다가 뿌옇게 처리된다.

박수 소리와 함성 소리가 점점 커지면서 손으로 입을 가리고 놀라워하는 패널들과 눈물을 글썽이며 바라보는 주인공 어머니의 모습이 화면에 잡힌다.

[자막   모두 경악을 하는데]

흐렸던 초점이 맞추어지면서 무대 가운데에 등장한 주인공의 모습이 또렷하게 보인다.

[자막   정말 대박입니다]

사회자   여기 지금 정은지 씨가 나오셨는데요. 정말 깜짝 놀랐습니다.

[자막   깜짝이 아니라 언빌리버블]

(…)

[자막   정말 완벽한 변신입니다]

사회자   정말 저도 놀랄 정도예요. 어떠세요. 지금 모습 만족하세요?

주인공   네, 정말 너무너무 만족하고….

패널 3   피부도 너무 좋으시고 표정도 밝으셔서 뷰티모델 같은 거 하셔도 될 것 같아요.

[자막   피부도 좋고 표정도 밝고]

패널 4   이분 모습을 보니 마치 대학생 같아요. 정말 너무 어려 보이세요.

[자막   마치 대학생 같은 정은지]

패널 5   그리고 제일 중요한 건 은지 씨가 예뻐진 것도 예뻐진 거지만 우리 은지 씨가 자신감을 찾았잖아요. 그런 점에서는 진짜 좋으실 거 같아요.

무대 위에서 한 성형미인이 한껏 집중 조명을 받고 있고 연신 "경악", "대박", "완벽한 변신", "언빌리버블", "뷰티모델"이라는 자막이 쏟아졌다. 정작 주인공은 별말 없이 서서 웃고만 있는데 옆에 있는 연예인 패널들이 과하게 호들갑을 떠는 모습이 우스웠다. 사각턱 콤플렉스로 얼굴 표정부터 우울했던 오늘의 주인공은 이제 누가 봐도 예쁘다고 할 미녀가 되어 반짝반짝 빛나고 있었다.

성형미인이 입을 열었다. "너무너무 만족"한다고. 정말? 저렇게 자신 있게 만족한다고 말할 수 있다고? 나만 말 못 하는 건가? 아니 나도 시간이 지나고 붓기가 다 가라앉으면 언젠가 저렇게 말할 날이 오는 건가? 이래서 메이크오버쇼는 보면 안 된다. 프로그램이 끝나기 전에 TV를 껐다.

노트북을 열었다. "인터뷰" 폴더를 보며 같은 수술을 했던 환자들을 생각하고 그들이 해준 말을 떠올린다. 수술 전 청담 성형외과에서 양악수술을 한 10명의 환자를 만나서 인터뷰했다. 수술을 하기 위해 치아교정을 하고 있던 시기였다. 연구자로서 그리고 미래의 환자로서 그들을 만났다. 내가 알게 된 것은 무엇보다 그들이 TV메이크오버쇼의 주인공들과는 다르다는 사실이었다. 그 누구도 수술 후의 삶에 대해서 흥분하지 않았다. "너무너무 만족"한다는 사람은 단 한 명도 없었다.

완전 연예인스럽게 바뀌었다, 이런 생각이 드는 건 아니지만 어느 정도 내 콤플렉스가 바뀜으로써 내가 달라지잖아요, 나 자신이.

근데 맨날 옆에서 보던 사람들은 하기 전과 후가 좀 달라졌다고, 훨씬 나아졌다고, 뭐 이런 말을 많이 하는데, 그냥 오랜만에 만난 사람들은 별로 알아차리지 못했던 것 같아요.

사실 100퍼센트 만족은 안 돼요. 왜냐하면 제가 여기 근육통이 있어서 붓기가 잘 안 빠지고 막 이중턱이 되고….

감염과 같이 별도의 치료를 요하는 부작용을 겪은 환자를 제외한다면, 양악수술 후 예뻐지는 것에 가장 방해가 되는 것은 붓기다. 특히 수술한 지 얼마 되지 않은 환자일수록 얼굴의 붓기를 언급했고 수술에 대한 만족도는 매우 낮아 보였다. 나희 씨가 특히 그랬다.

아직 붓기가 안 빠져서 그런지 엄마도 그렇고 아빠도 그렇고, 썩 마음에 들어 하지 않는 것 같아요.

수술하고 나서 붓기가 되게 심하잖아요. 저는 되게 심했어요, 붓기가. 다른 사람들에 비해서 붓기도 되게 늦게 빠지는 스타일이고. 막 심하게, 진짜 막 울룩불룩하게 부어 있었어요. 집에서도 앉아서 잠을 자야 되잖아요. 근데 달빛이 비치는 순간 거울을 보고 있었는데 진짜 너무, 너무 흉악한 거예요. 그때 '이 얼굴로 어떻게 살아' 이런 생각이 드는 거예요. 그때가 3~4주 좀 지났을 때였나?

붓기가 있을 때는 붓기만 빠지면 다 해결될 것 같지만 현실은 그렇지 않다. "언제 예뻐지지?" 수술한 지 세 달이 지났을 때에도 나는 여전히 이 질문에 사로잡혀 있었다.

몸은 잘 회복된 듯했다. 죽도 못 먹을 때가 엊그제 같은데 이제 수술 전과 다를 바 없이 잘 먹었다. 붓기도 많이 가라앉았고 이상한 통증이나 감각도 거의 사라졌다. 어금니도 잘 맞고 윗니와 아랫니의 중앙선도 완전히 일치할 뿐만 아니라 아랫니가 정말 예쁘게 윗니 안쪽으로 쏙 들어가 있었다. 신기했다. 이렇게 괜찮아질 것도 모르고 왜 그렇게 고민하고 우울해했나 싶었다. 회복 기간은 끝났다.

그런데 문제는 그래도 예뻐졌다는 생각이 안 든다는 것이었다. 의학적 의미에서의 회복과 성형 후 미인의 탄생은 동일하지 않다. 붓기만 다 빠지면 예뻐졌다는 생각이 들 줄 알았는데 전혀 그렇지 않았다. 내 머릿속에 있는 내가 원하는 얼굴과 거울이나 사진 속의 내 얼굴은 일치하지 않았다. 앞으로 쭈욱 이렇게 살아야 한다는 생각에 가슴이 덜컥 내려앉기도 했다.

[원하는 얼굴과 실제 얼굴의 불일치 —————————]

음, 수술한 이후에 아무래도 외모에 더 신경 쓰는 것 같아요.

피부는 지금이야 눈가 주름도 있고 그렇지만 그전에는 손을 안 대도 되겠다고 생각했었어요. 한편으로는 얼굴에 손대기 시작하면 한도 끝도 없겠다 싶었거든요. 그런데 수술을 하고 나니까, 피부 관리도 좀 더 해봐야겠다는 생각이 들었어요. 좀 더 예뻐졌으면 좋겠다는 바람도 생겼고요. 그제야 내 코끝이 낮다는 것도 알게 되었죠. 수술 끝나고 나면, 내 얼굴이 어떻게 변했을까 싶어 거울을 자주 보게 되잖아요. 그러면서 조금씩 내 얼굴의 부족한 부분이 눈에 들어오더라고요. 일단 코가 눈에 가장 들어왔어요. 코를 좀 더 세우려면 콧대를 세워야 하는지 코끝을 세워야 하는지. (…) 사실은 청담 성형외과에서 코도 한 번 상담받았어요.

성형수술을 했다고 해서 그리고 눈에 보이는 붓기나 멍, 출혈 등이 사라졌다고 해서 저절로 예뻐졌다는 생각이 드는 것은 아니다. 지은 씨는 수술 후 오히려 "부족한 부분"이 눈에 들어오게 되었다고 말했다. 자신이 가지고 있는 몸과 자신이 원하는 몸 사이에 간극이 생기는 것이다. 지은 씨의 경우 그것은 '낮은 코'였다. 코만 조금 높아지면 그 간극이 채워지고 원하는 얼굴을 가질 수 있을 것만 같았다고 한다. 예뻐지는 순간이 코수술 이후로 미뤄진 것이다.

손 팀장은 내가 만나본 환자 중에는 거의 유일하게 또 다른 성형수술을 택함으로써, 몸 그 자체를 바꿈으로써 이 간극을 채웠던 환자다. 손 팀장을 아는 사람들은 그런 그를 농담 반 진담 반으로 "성형중독자"라고 불렀다. 그는 청담 성형외과에 새로운 기계가 들어오거나 새로운 시술이 시작될 때 늘 시험용 환자를 자처하기도 했다.

뭐, 어떤 의미에서는 나 성형중독자 맞지. 계속 보톡스도 맞고 1년에 한 번씩 리프팅도 하거든. 안 하면 처지니까. 조금이라도 처지는 것 같으면 시술을 하니까 중독이라면 중독이지.

성형수술 후에 변화한 몸과 자신이 원하는 몸이 항상 일치하는 것은 아니다. 이것을 일치시키기 위해서 누군가는 추가적인 수술을 한다. 그 간극이 시간에 따라 더 커진다면 지속적인 업그레이드가 필요하다. 이 업그레이드를 위해서 손 팀장은 적절한 시술이나 수술, 제품에 대한 정보를 찾고 의학적 원리를 공부하기도 하며 어떤 의원의 어떤 의사를 찾아갈 것인지를 선택한다. 손 팀장은 자신을 성형중독자라고 보는 의견에 크게 반대하지는 않았지만, 그의 선선한 인정은 오히려 그가 자신을 맹목적이고 심각한 성형중독자로 보지 않음을 반증한다. 그는 합리적으로 소비하고 적극적으로 자기계발을 하는 여성일 뿐이다.

내가 인터뷰한 10명의 환자 그리고 청담 성형외과에서 만났던 수많은 환자들 중 손 팀장은 예외에 속한다. 성형수술을 한 모든 여성이 성형중독에 빠지는 것도 아니고,

추가적인 성형수술을 하는 것도 아니다. 지은 씨도 나도 양악수술 이후 다른 수술을 하지는 않았다. 그렇다면 성형 중독이 아닌 많은 사람이 과연 어떻게 수술 후 자신의 몸과 수술 후 자신이 가질 것으로 믿었던 몸 사이의 간극을 메꾸는 것일까? 이 간극으로 인한 성형수술 환자의 불쾌감이나 불일치감을 나는 '성형 후 디스포리아dysphoria'라고 부르고자 한다.

지금까지 성형중독의 원인으로 잘 알려진 것은 신체이형장애body dysmorphic disorder다. 신체이형장애란, 실제로는 문제가 없는 자신의 몸을 심각한 결점이 있는 몸으로 여기는 정신질환이다. 자신의 몸에 대한 불만을 정신적 장애나 질병으로 규정하면 결국 정신이 치료와 변화의 대상이 된다. 그러나 자신의 몸과 그 몸에 근거한 정체성이 일치하지 않는 문제를 해결하는 방법은 사실 몸을 바꾸느냐, 정신을 바꾸느냐의 양자택일 문제가 아니다. 신체이형장애는 정신의학적 용어이기 때문에 실제로 사람들이 경험하는 자신의 몸과 그 몸에 대한 인식 사이의 차이를 온전히 이해하는 데는 유용하지 않다.

성형수술 환자의 디스포리아는 성형 후 갖게 된 구체적인 몸과 성형으로 갖고 싶었던 추상적인 몸 사이의 불일치 때문에 느끼는 불만족이다. 내가 인터뷰한 환자들 중 나희 씨는 제대로 먹지도 않고 심지어 최 원장의 질문에도 대답조차 하지 않을 정도로 우울해해서 현지 의료진이 걱정을 많이 했다. 나희 씨는 수술 직후부터 우울해하기 시작했고 한 달 정도가 지나서야 조금 나아졌다고 말했다. 나의 경우 오히려 어느 정도 몸이 회복된 한 달 이후부터 우울감이 심해졌다. 이렇게 고생해서 수술을 했는데 왜 만족스러울 정도로 예쁘지 않은가가 우울함의 원인이었다. 손 팀장 역시 거울만 보면 "정신병"이 걸릴 것 같다고 말할 정도였다.

물론 모든 환자가 성형 후 디스포리아로 괴로워하는 것은 아닐 것이다. 원하는 몸에 대한 이상이 애초에 크지 않은 경우, 특히 양악수술의 특성상 심한 악관절 장애나 부정교합, 비대칭 등으로 인해 미용적 목적만큼 치료의 목적이 컸던 환자나 외모에 대한 평가 기준이 높지 않은 일상에 노출되어 있는 환자의 경우 디스포리아를 적극적으로 호소하지 않았다. 예를 들어, 20대 남자 대학생 성민 씨의 경우 수술 전후의 변화를 크게 기대하지 않았기 때문에 "그냥 좀 더 나아졌다. (…) 신경 쓰이던 게 사라졌다" 정도로 수술 결과를 담담하게 받아들였다. 심한 안면 비대칭이 있었고 외모에 그리 신경 쓰지 않는 또래가 많은 여대에 재학 중이던 20대 여성 현영 씨의 경우에도 잇몸이 과하게 보여 신경 쓰이던 점이 개선된 것은 만족스럽지만 수술 후에 특별한 점은 없다고 말한다.

문제는 나처럼 이 불일치감을 크게 느끼는 환자들이 그것을 어떻게 해소하는가다. 미용수술의 특성상 환자가 감각적으로 느끼는, 기능적인 몸의 정상화는 이 간극을 채우는 데에 별반 도움이 되지 않는다. 중요한 것은 자기 몸이 어떠한가가 아니라, 자기 몸이 어떻게 '보이는가'다. 성형 후 미인이 되었다는 자각은 붓기로 인한 얼굴의 무게가 더 이상 느껴지지 않고 치킨을 마구 씹어 먹어도 되는 입을 갖게 됨으로써 얻어지는 것이 아니라, 사진이나 거울 속의 얼굴이 예뻐 보이고 자기 사진을 보고 주변 지인들이 예쁘다는 칭찬을 할 때 찾아오는 것이다.

자기가 원하는 얼굴 혹은 사회적으로 예쁘다고 인정되는 얼굴에 일치해야 하는 것은 3차원에 실재하는 몸, 정신과 연결되어 감각적으로 느낄 수 있는 몸이 아니라, 2차원에서 보여지는 몸, 자기 자신이 거울이나 사진과 같이 거리를 두고 평면 위에서 볼 수밖에 없는 몸이다. 그렇다면 불일치감을 해소하기 위해 또는 '부족한 부분'을 채우기 위해 필요한 것은 예쁘다는 인식에 부합하는 얼굴 사진이지, 얼굴 그 자체가 아니다. 2차원 평면 위에 재현된 자신의 얼굴은 미인의 자아정체성을 만드는 환자의 협상에서 가장 중요한, 그리고 어쩌면 유일한 물질적 근거다. 자기 얼굴은 언제든지 촬영해서 바로 눈으로 확인할 수 있는 디지털 사진 속의 얼굴과 동일시된다.

예쁜 얼굴보다 예쁜 얼굴 사진이 중요하다고 해도 결국 얼굴이 예뻐야 하지 않는가? 결국 얼굴이 실제로 예뻐져야 사진 속 얼굴도 예쁜 것 아닌가? 결론부터 말하자면, 그렇지 않다. 사진은 실제 얼굴을 '있는 그대로' 보여주는 객관적이고 가치중립적인 기술이 아니다. 실제 얼굴을 반영하는 동시에 왜곡이나 과장, 혹은 조작이 가능한 것이 사진, 특히 디지털사진의 특징이다. 성형미인들은 이러한 사진의 특성을 적극적으로 활용한다. 성형 후 수없이 찍는 소위 '셀카' 사진은 의사들이 수술 후 경과를 기록하기 위해 찍는 임상 사진처럼 성형한 부위를 있는 그대로 촬영하는 사진이 아니다(사실 엄밀하게 말하자면 실재를 '그대로' 재현하는 사진은 없다). 셀카 촬영은 예쁘다고 생각하는 얼굴에 가까운 얼굴 사진을 만들겠다는 목표를 가진 행위다. 왜냐하면 그러한 사진이 성형 후 디스포리아를 해소해줄 수 있기 때문이다.

디지털 셀카 사진을 생산하고 소비하는 행위에서 사진과 대상 간의 시각적 동일성과 연출 가능성은 매우 중요하다. 자신이 원하는 얼굴로 촬영되도록 얼굴의 각도나 표정 등을 연출하고, 그 연출된 사진 속의 얼굴을 자신의 얼굴과 동일시함으로써 실제 얼굴과 원하는 얼굴 사이의 간극이 좁혀지기 때문이다. 의사가 주도하는 수술이 3차원의 몸을 변형시킨다면, 환자가 주도하는 디지털사진 촬영은 3차원의 몸을 재현하는 것으로 여겨지는 2차원의 몸을 변형시킴으로써 몸의 디스포리아를 극복하게 해준다.

환자의 디지털 이미지 생산은 수술 전 상담실에서 최원장이 했던 사진 촬영을 떠올리게 한다. 마치 수술 전 상담 과정에서 환자의 몸이 사진으로 대상화되듯, 수술 후 환자의 일상에서도 몸은 대상화된다. 2차원 이미지로서 대상화된 몸은 3차원의 몸보다 훨씬 '알기 쉽다.' 혼란스러운 3차원의 얼굴이 2차원의 이미지로 변환되어 컴퓨터 화면에 나타나면 예쁜 얼굴인지 그렇지 않은지 혹은 얼굴의 어떤 부위가 문제인지가 훨씬 더 분명하게 드러나는 것처럼, 성형 후 환자의 얼굴에 대한 평가 역시 실물보다는 휴대전화나 컴퓨터 화면 위의 사진을 통해 훨씬 쉽게 내려진다. 수술하고 두 달 가까이 지나 지인을 만났을 때 그들은 나의 얼굴을 눈앞에서 볼 수 있음에도 수술 후에 찍은 사진을 보여달라고 했고, 그 사진을 보고서야 '예뻐졌다'는 평가를 내렸다. 비슷한 경험의 이야기를 양악수술을 한 지은 씨에게서도 들을 수 있었다.

엄마가 "너 수술했니?"라고 얘기하기 전에 제가 그 사진을 보여줬어요. "엄마, 이게 내가 교정(수술)하기 전이고 이게 지금의 나야."

그랬더니, 수술 후의 사진이 예쁘대요. 그래서 "그게 지금의 나야"라고 했더니 실물은 이상하대요. 사진은 잘 나왔는데….

얼굴 사진을 찍음으로써 디스포리아를 해소하는 방법에 문제가 없는 것은 아니다. 때로 '알기 쉬워진' 혹은 '연출된' 사진 속의 얼굴에 대한 평가는 실제 얼굴에 대한 평가와 일치하지 않으며, 이것은 환자가 느끼는 불쾌감과 불안을 더욱 증폭시킨다.

수술이 끝난 후부터 약 45일 동안 나는 최소한 1,000장 이상의 셀카 사진을 찍었다. 처음에는 단순히 붓기나 멍이 얼마나 사라졌는지를 확인하기 위해서였다. 그러나 세 달여가 지나고 더 이상 눈에 띄는 붓기나 멍이 없음에도 내가 예뻐졌다는 생각이 들지 않자 불안하고 초조해졌다. 나는 거의 매일 휴대전화로 얼굴 사진을 찍었다. 앞모습, 옆모습, 그리고 45도 각도의 모습을 각각 무표정하게 그리고 웃으면서.

이런 일상은 수술 후 1년이 조금 지나서까지 계속되었고 당시 찍은 사진은 일일이 셀 수조차 없을 정도로 많다. 성형중독은 피했으나 셀카 중독은 피하지 못했다. 미친 듯이 사진을 찍어댔고 그런 나를 이해해준 사람은 먼저 수술을 했던 환자들뿐이었다. "원래 그런 시기가 있는 거"라며. 그들의 말대로 '그런 시기'를 지나고 나니 어느 순간부터 셀카를 찍지 않게 되었다.

결국 내가 가진 얼굴과 원하는 얼굴 사이의 불일치가 사라진 걸까? 아니 그렇지 않다. 단지 하루 종일 머릿속에 그 생각이 맴돌고 그 생각이 나의 감정을 지배하는 상태가 아닐 뿐, 지금의 얼굴이 내가 원하는 얼굴이 아니라는 사실은 알고 있다. 단지 이제는 내 얼굴이 내가 기대하는 얼굴, 내가 수술을 해서라도 갖고 싶었던 그 얼굴일 수 없음을 받아들인 것뿐이다. 내 얼굴을 알고 싶어서 찍는 사진도, 내가 원하는 얼굴로 보이게 연출된 사진도 이 간극을 사라지게 해주지는 않았다. 그러다가 어느 날 '왜 내 얼굴이 내가 원하는 얼굴이어야 한다고, 그럴 수 있다고 생각하지?'라는 깨달음이 찾아왔다. 수많은 셀카를 찍고 난 후였다. 그 후 때로는 누군가가 찍어준 사진에서 내가 원하던 나의 얼굴을 보게 되기도 하지만, 그런 일치감이 지속될 수 없다는 것을 지금은 잘 안다. 디스포리아는 디스포리아의 존재가 당연해지면 사라진다는 것도.

어떤 나쁜 대상화

[수술실에서 대상이 된다는 것 ───────────]

성형수술을 하고 또 연구하는 과정에서 나는 빈번하게 다양한 시선과 다양한 도구의 대상이 되었다. 우선 공기처럼 존재하는 한국의 문화 자체가 끊임없이 여성인 나의 몸을 대상화해왔다. 성형수술과 관련하여 가장 잘 알려진 대상화다. 지하철역이나 잡지에서 주로 보는 성형외과 광고에는 눈, 코, 턱, 이마, 입술, 가슴 등 조각조각 쪼개놓은 몸이 가득하다. 성형수술 환자들이 주로 여성인 이유를, 여성의 몸을 쉼 없이 더듬고 평가하는 사회적 시선을 빼고 설명할 수 있을까. 성형문화라는 것이 있다면 그것은 여성의 몸을 끊임없이 바라봄의 대상으로 만드는 일상의 모든 문화일 것이다. 이 문화는 그야말로 여성혐오의 문화이며 대중문화 그 자체이기도 하다.

성형미인이 되는 과정에서 나는 다른 차원의 대상화도 경험했다. 당연하게도 성형외과의 수술대 위에 누워 수술의 대상이 되어야 했다. 나에게는 일상적이지 않았지만, 성형외과 안에서는 일상적인 의료행위의 일부로서였다. 수술의 대상이 된다는 것은 대중문화나 광고에서 대상이 되는 것과는 다르다. 가장 큰 차이점은 대상화가 되고 있는 순간을 의식하거나 기억하지 못할 가능성이 크다는 점이다. 예를 들어, 양악수술을 받는 동안 나는 철저하게 수술의 대상이었으나 전신마취 중이었기 때문에 순간의 기억조차 없다. 전신마취를 동반하는 수술은 대상이 되는 경험을 묘사하고 기술하는 데는 적당하지 않다. 그렇다면 수술대 위에서의 대상화란 무엇인지 어떻게 알 수 있을까? 기회는 역시 우연히 찾아왔다. 박 원장에게 쌍꺼풀수술을 받던 날이었다(양악수술 받기 전).

"지금 크기로 할까, 조금 더 크게 할까?"
박 원장은 나무 스틱으로 내 눈꺼풀을 집어놓고 이렇게 물었다. 나는 들고 있던 거울로 내 눈을 봤다. 지금도 괜찮겠다고 하니 박 원장이 기다렸다는 듯이 말했다.
"그래, 눈이 처져서 오버폴드overfold 될 거야."
펜을 집어든 박 원장이 망설임 없이 내 눈꺼풀 위에 스윽스윽 선을 그었다.

7층에 올라가서 상의를 벗고 환자복으로 갈아입었다. 유 간호사가 수술 준비를 끝내고 나는 수술실로 들어갔다. 수술대 위에 눕자 다리 위로 담요가 덮였다. 유 간호사가 내 머리카락을 쓸어 올리고 헤어라인 경계선에 테이핑을 한 후 소독약을 발랐다. 금세 얼굴에 포가 씌워졌고 나는 그 상태에서 박 원장을 기다렸다.

박 원장이 수술실에 들어서자 수면마취가 시작되었다. 서서히 잠에 빠져들 줄 알았는데 바로 마취 상태가 시작된 느낌이었다. 의식이 끊겼다가 돌아왔다는 인식도 없이, 갑자기 눈앞에 하얀색, 노란색, 붉은색의 빛이 비춰지기 시작했다. 순간 내가 뉴욕의 갤러리 안에 있나 싶었다. 눈앞으로 밝은 색의 꽃모양이 펼쳐졌다. 나는 어디에서도 본 적이 없는 광경에 감탄하고 있었다. 그러다 갑자기 나는 내 몸이 느껴지지 않는다는 것을 자각했다. 마치 몸과 마음을 이어주는 연결고리를 잃어버린 것 같았다. 그 와중에 뭔가 아이디어가 많이 떠오르고 내가 지금 예술 작업을 하고 있다는 생각도 들었다. 그러다가 문득 내 몸에서 무슨 일이 벌어지고 있다는 것이 느껴졌다. 서서히 깨어나는 느낌과 함께 의사와 간호사의 말소리가 들렸다. 눈앞에 흰 불빛이 환하게 보였다. 가끔 눈꺼풀이 들릴 때마다 불빛이 더 환해졌고 무엇인가가 왔다 갔다 하는 것이 보였다. 눈꺼풀에 실이 통과하는 느낌, 눈꺼풀이 실과 함께 들어 올려지는 느낌까지 들기 시작했다. 의사가 간호사에게 지시하는 말소리가 점점 더 또렷하게 들렸다.

그 순간 아주 잠깐 두려움이 엄습했다. 수술 중이라는 것은 알겠는데 도대체 내 몸에 무슨 일이 벌어지고 있는 것인지, 왜 나는 내 몸을 움직일 수 없는 것인지 알 수 없었기 때문이다. 처음에 의식이 현실로 돌아오기 전에는 몸을 벗어나 자유로운 느낌이었다면 이제는 오히려 몸 안에 갇혀 있다는 느낌이 확 들었다. 의사가 나한테 무슨 짓을 하고 있는 거지? 내 몸이 내 의지와는 상관없이 함부로 다루어지고 있는 느낌이 아주 불쾌하고 무서웠다.

그러다가 아, 이 의사가 박 원장이라는 사실이 떠오르면서 두려움이 눈 녹듯이 사라졌다. 그래, 박 원장이 하는 일인데 믿자, 믿어. 다른 사람의 쌍꺼풀수술을 볼 때는 세상 간단한 수술이지만 막상 내가 받고 있으니 몸에서 엄청난 일이 벌어지고 있는 느낌이다.

그 와중에 박 원장의 목소리가 들렸다.

"안 아프지?"

"아프지는 않은데 뭔가 느낌이 이상해요"라고 말하고 싶었지만 말이 잘 나오지 않았다.

내 상태를 알고 있다는 듯이 박 원장은 다시 물었다.

"말하기도 귀찮지?"

나는 간신히 "네"라고 대답했고 대화는 거기에서 끝났다.

박 원장과 대화(?)를 하고 나자 마음이 훨씬 편해졌다. 갑자기 이 상황이 재미있어진 것이다. 아, 내가 이렇게 대상이 되는구나. 철저하게 대상화되는 이 경험이 즐거워졌다. 마치 내가 예술품이라도 된 기분이었다. 의사는 예술가이고 나는 작품이다. 그는 지금 내 몸을 소재로 작품을 만들고 있다. 나는 내가 아름다운 작품으로 창조되는 과정을 즐기고 있었다. 그러면서 대상화라는 것이 꼭 부정적인 것일 필요가 없겠다, 이렇게 긍정적이고 즐거운 경험이 될 수도 있겠다는 생각이 들었다.

사실 내가 이렇게 이 상황을 즐길 수 있었던 것은 통증이 없기 때문이었다. 내 몸이 고통을 느낀다면 지금 이 상황이 너무나 끔찍했을 것이다. 조금의 통증이라도 이 즐거운 경험에는 장애물이 된다. 통증을 전혀 느끼지 않았기 때문에 나는 내 몸을 스스로 대상화하며 이 상황을 기꺼이 즐기고 있는 것이다.

그렇게 수술 과정에 도취되어 있던 나는 수술이 끝났다는 박 원장의 말에 "원장님 너무 멋있어요, 최고!"라며 호들갑을 떨었다. 마취의 영향에서 완전히 벗어났다고 생각될 때 수술실에 박 원장은 없었고 내 옆에는 유 간호사분이었다. 유 간호사는 내 얼굴에 붙어 있던 테이프를 떼어주고 수술 후 주의사항을 나열하며 내 눈꺼풀에 연고를 바르고 밴드를 붙여주었다. 황홀한 경험은 끝났고 나는 다시 환자가 되어 수술실을 나섰다.

아마도 수면마취제의 영향이 컸던 것 같다. 수면마취 중 헛소리를 하는 사람이 있다더니 내가 바로 그런 사람이었던 것 같기도 하다. 수술 직후 급히 쓴 일지의 내용은 지금 읽어보면 오글오글하지만 그 당시 내가 상당히 흥분해 있었던 것만은 확실하다. 마취제의 영향이었든 어쨌든 나는 수술을 즐겼다. 의사에 대한 믿음이 마취제보다 더 큰 효과를 발휘했을지도 모르겠다. 단 1퍼센트의 의심도 없이 내 몸을 맡긴다는 것, 그리고 마취제 덕분에 내 살이 잘리고 바늘이 살을 뚫는 고통을 느끼지 않아도 된다는 것. 이 두 가지가 가능했기에 대상화는 재밌는 경험이 될 수 있었다. 수술대 위에서 성형수술을 받으며 시를 낭송했던 프랑스 행위예술가 오를랑이 그랬던 것처럼.

[어떤 '얼평'의 불쾌함]

불쾌한 대상화 경험은 성형수술을 한 후부터 시작되었다. 나로서는 완전히 예상 밖의 일이었다. 성형수술로 더 예쁜 얼굴이 되면 대상화란 기껏해야 예쁘다는 찬사가 아닐까 싶었다. 내가 본격적으로 사람들의 평가 대상이 되기 시작한 것은 수술 후 두 달 정도가 지나면서부터다. 그전까지는 가족 외에 아무도 나의 바뀐 얼굴을 보지 못했다.

수술 후 두 달이 지나자 눈에 띄는 멍이나 붓기도 사라지고 음식도 크게 가리지 않고 먹을 수 있게 되었다. 이제 밖에 나가서 사람들을 만나도 되겠다는 생각이 들었다. 가장 신경 쓰였던 곳은 학교였다. 나는 당시 대학원생이었고 웬만한 대학원 동료들과 교수님들은 내가 성형외과에서 현장연구를 하고 성형수술을 받았다는 사실을 알고 있었다. 내가 성형수술을 했다는 사실을 이미 알고 있는 사람들을 만나는 것은 큰 부담이었다. 게다가 그들은 평소 성형수술에 호의를 갖던 사람들도 아니었으니 나를 보고 어떤 말들을 할지 걱정이 됐다.

과연 사람들의 반응은 제각각이었고 성형수술을 했다는 사실이 너무나 의식이 돼서 당황스러운 나날들이 이어졌다. "턱이 없어진 것 같다"와 "전에도 예뻤는데 왜 했느냐"라는 말부터 "10년은 어려 보인다"와 "예뻐졌다"는 말까지, 그리고 "다른 사람이 된 것 같다"와 "생각보다 그렇게 많이 바뀌진 않았다"는 말이 공존했다. "해보니 어때요?"라는 개방형 질문도 종종 받았다. 그래도 각각의 첫 만남들이 끝나고 나니 그다음부터는 그럭저럭 다시 일상으로 돌아온 느낌이었다. 그러던 중 한 남자 동료와 이야기를 나눌 기회가 생겼다.

정환이와 밥을 먹는데 뜻밖에도 내 수술 경험에 관심이 많았다. 그러니까 성형이 연예인을 만들어주는 것은 아니라고 생각했다나? 성형수술이 "예쁜 소연"을 만들어주는 것이 아니라 "다른 소연"을 만들어주는 것이구나 생각했다고. 그래서 진짜 소연이가 어딘가에 숨어 있는 것 같은 상실감을 느꼈다고.
나 역시 내가 낯설다. 그런데 동시에 나는 또 내가 너무 익숙하다.

왜냐하면 나는 나 자신을 보이는 모습으로서만이 아니라 통합적으로 인지하기 때문에. 그러나 이미지만 생각하면 낯설다. 머리스타일, 화장, 액세서리 등 전체 스타일을 새로운 얼굴에 맞춰서 다시 잡아야 하는 것이다. 아마 초기의 내 모습은 정말 그 동기가 말한 것처럼 고등학교를 졸업하고 갓 대학생이 된 여자애가 처음 화장을 배웠을 때처럼 뭔가 과장되고 실험적인, 아직 자기 스타일을 찾지 못한 그런 모습이지 않았을까 싶다. 그는 내가 스타일을 찾지 못해서 방황하고 있다는 걸 눈치챈 것이다.

그는 또 사진 찍을 때의 내 자세가 달라지지 않았느냐고 물었다. 이전에는 귀엽고 웃기는 사진이 많았다면 이제는 얌전해졌다며…. 맞다. 그건 여러 가지 이유에서다. 교정기 때문에 웃지 않으려다 보니 그렇기도 하고, 이제는 그저 예전처럼 튀고 싶지 않아서 또는 아직 내가 어떤 표정을 해야 사진에 예쁘게 나올지 잘 몰라서이기도 하다.

요즈음 나를 만나는 사람들은 주로 "어, 뭔가 달라 보이네", "뭐가 달라졌지?", "몰라봤어요!" 같은 단편적인 반응을 보이는데 그는 마치 나를 오랫동안 연구한 것처럼 참신한(?) 질문들을 던졌다. 그래서 당황스럽기도 했고 그러다 보니 나도 모르게 말이 좀 많아졌다, 오랜만에.

그런데… 기분이 나쁘다. 아니 자기가 뭔데 나한테 그런 질문을 하는 거지? 도대체 무슨 의도로? 내가 성형수술을 했다는 사실이 자기네들에게 아무 말이나 해도 되는 자격이라도 주는 건가?

이 불쾌함의 정체는 무엇일까? 나는 왜 기분이 나빴던 것일까? 그의 질문은 참신했고 그의 분석은 옳았다. 한 번 보고는 예뻐졌다 아니다, 달라졌다 아니다라고 한마디씩 툭 던지는 인사말과는 차원이 달랐다. 다 맞는 말이었다. 나를 보라, 성형수술은 연예인이 되는 수술이 아니다! 나는 예뻐졌다기보다는 달라졌고, 아직은 새로운 얼굴에 맞는 나를 찾지 못해서 우왕좌왕했으며, 그래서 전처럼 활짝 웃지도 사람들 앞에 나서려고 하지도 않았다. 이 맞는 말들에 나는 두고두고 기분이 나빴다.

첫째, 그가 어떤 의도로 성형한 나를 두고 이런 고찰을 했는지 알 수가 없었다. 그 의도가 무엇이었는지는 모르겠지만 나를 위한 것이 아님은 확실히 알 것 같았다. 고찰이 깊이가 있어서 그 결과가 꽤 그럴싸하게 들어맞는다는 것이 더 기분 나빴다. 그럴수록 도대체 왜 그렇게 공을 들였는지 그 의도가 더욱 의심스러웠다. 둘째, 왜 나한테 굳이 자기 생각을 전달했는지도 의심스러웠다. 누구나 다른 이들의 선택과 변화를 평가할 자유가 있다. 그러나 그것을 그 당사자에게 말할 자유는 다른 것이다. 대학원생이 교수님에 대한 기가 막힌 분석을 교수님 앞에서는 하지 않는 이유다. 그는 그런 분석을 듣고 질문을 받는 나의 기분을 살피지 않았던 것이 분명했다. 본인에게 아무런 위해나 불이익도 없을 거라는 것에 한 치의 의심도 없었을 테니까.

대상화도 대상화 나름이다. 결국 그의 대상화는 자신의 날카로운 관찰력과 통찰을 과시하는 것 외에 어떤 필요와 목적이 있는 행위였는지 알 수 없었다. 나에게 딱히 유용하거나 도움이 될 것도 없었다. 수술 전후의 나를 진지하게 분석했던 그 남자 동료의 대상화는 무엇을 위한 것인가? 이 질문은 성형수술을 연구하고 분석하는 연구자나 기자들에게도 던지고 싶은 질문이다.

성형수술을 한 여성으로서 나는 성형수술에 대한 연구나 기사, 특히 한국 성형수술에 대한 외국의 연구와 기사들을 읽을 때마다 괴롭다. 그 연구나 기사에서 묘사된 한국의 성형수술이 틀려서가 아니다. 서구의 언어로 된 그 글들은 한국 여성의 성형수술에 대해서 많은 것을 말해준다. 성형수술은 가부장적 미의 규범에 맞는 몸을 만드는 행위이고, 한국의 젊은 여성들은 외모차별을 더 이상 겪고 싶지 않아서 혹은 취업이나 결혼을 위한 경쟁력 있는 외모를 갖추기 위해서 성형수술을 택한다고. 몸의 미적 가치를 높이기 위한 성형수술은 어떤 사회든 대개 불평등한 사회를 살아가는 개인이 할 수 있는 선택 아닌 선택이다. 외국 학자들은 한국의 성형수술에 인종주의나 한류, 의료 관광, 관상과 같은 '한국적 맥락' 등을 더한다. 그들은 때로 성형미인이 등장하는 대중매체의 프로그램을 분석하거나 한국 여성들을 인터뷰해 나와 같이 성형수술한 여성들을 대상화한다. 한국어를 하지 못하는 외국 연구자나 기자들이 통역자를 대동하고 환자 행세를 하며 강남의 성형외과 상담실에서 어떤 말들이 오고 가는지를 전하기도 한다. 최원장이 수많은 얼굴 사이에서 패턴을 찾을 수 있다고 굳게 믿듯이 그들은 성형을 했거나 할 수도 있는 수많은 한국 여성들을 패턴화하는 설명을 찾으려고 애쓴다. 바다 건너 한국에서 벌어지는 일을 궁금해하는 그들의 대상화는 누구보다 진지하다. 그런데 그 대상화는 무엇을 위한 것일까? 나의 성형수술이 정환이에게 그러했듯, 우리의 성형수술은 외국의 연구자와 기자들에게는 흥미로운 관찰과 분석 대상일 뿐이지 않았을까. 분명한 것은 한국의 성형미인을 위하여 쓰인 글은 아니었으리라는 사실이다.

[**나쁜 대상화만 있는 것은 아니다** ───────────]

당사자의 이해관계와 연결되는 필요와 목적이 분명한 대상화는 나쁘지 않다. 의료행위와 같이 환자와 의사가 사전 합의 하에 치료나 향상의 필요를 충족하려는 목적으로 환자의 몸을 대상화하는 것 혹은 하나의 신체 부위로 환원하는 것에는 문제가 없다. 나는 의사가 수술대 위의 나를 소중한 지인으로 보지 않기를 바란다. 수술대 위의 나는 수술의 대상으로만 존재해도 충분하다. 'VIP 신드롬'이라는 말이 있듯이 의사들은 오히려 특별히 더 신경 써야 하는 환자를 수술할 때 더 긴장해서 실수를 저지르기도 하니까 말이다.

칼로 사람의 피부를 자르는 행위가 갖는 의미는 수술실 안과 밖에서 완전히 다르다. 상담실이건 수술실이건 성형외과에서는 일상적으로 환자의 몸을 대상화하는 일이 벌어진다. 성형외과에서 환자의 대상화는 수술실이나 상담실과 같은 특수한 공간 안에서 환자와 합의한 특수한 목적을 수행하기 위해서 일시적으로 이루어진다. 환자는 적절한 수술을 받고 원하는 외모를 갖기 위해 그리고 의사는 적절한 수술을 해서 환자에게 만족을 주기 위해 절차에 따른 환자의 대상화에 참여한다.

불임클리닉 현장을 연구한 과학기술학자 캐리스 톰슨 Charis Thompson이 여성 환자의 행위성과 대상화가 양립 가능하다고 본 이유도 여기에 있다(Thompson, 2005). 의료 절차 중의 대상화는 환자가 합의한 목표를 달성하기 위한 과정으로서 정당화된다. 당연히 의사 중심의 대상화, 편의성이나 효율 중심의 대상화, 비윤리적인 대상화 등 여러 논쟁적인 지점들과 개선이 필요한 부분이 있으나, 요는 의학적 대상화 그 자체가 악이 될 수는 없다는 말이다.

오히려 문제는 성형수술과 성형미인을 대상으로 삼는

일부 학문적 분석이다. 좁게는 여성들의 외모 관리와 성형 수술부터 넓게는 인간 향상 기술까지 일부 인문사회학자들이 지금까지 해온 연구들의 문제는 다음과 같다.

그 연구의 대부분은 학회 발표나 학술지 게재에 머물기 때문에, 그 대상화의 주인공들은 자신이 어떻게 대상화되었는지 볼 기회가 없다. 그중 일부가 책이나 대중매체 지면을 통해 더 많은 독자를 갖게 되더라도 당사자들은 그 글에 '반대'하기 어렵다. 그들의 연구가 수많은 선행연구와 참고문헌에 기대어 권위를 갖게 되기 때문이기도 하지만, 더 근본적인 문제는 특정 당사자를 대상화한 것이 아니라는 점에 있다. 성형외과 수술실과 같이 특정 개인의 몸을 대상화하는 과정과 결과에 문제가 있을 때는 해당 환자가 항의할 수 있으나, 다수 혹은 익명의 당사자를 대상으로 하는 학술연구일 때 혹은 그들을 재현하는 작품이나 재현물을 이차적으로 분석하는 연구일 때는 대상화의 직접적 당사자를 특정하는 것이 불가능하다. 의료 현장에서 이루어지는 환자에 대한 대상화가 의료윤리나 의료인문학 등을 통해 성찰의 대상이 되는 데 비해, 인문사회학 연구에서 여성, 특히 여성의 몸을 대상화할 때에는 해당 학문 분과 외부에서 그 대상화에 개입할 여지가 없다. 인터뷰이와 연구 참여자 보호를 위한 연구윤리 규정이 제한적으로 있기는 하지만, 연구윤리 규정을 잘 지킨 연구와 내가 말하는 '좋은 대상화'를 한 연구는 다르다.

이는 물론 인문사회학이 연구 대상인 여성의 기분을 상하게 하는 주장이나 연구를 해서는 안 된다는 말을 하고자 함이 아니다. 앞서 밝혔듯 남자 동료의 '얼평'이 심히 불쾌했던 이유는 그가 행한 대상화의 의도와 목적을 알 수 없었을뿐더러 그것이 무엇이든 그와 나 사이에 뚜렷한 비대칭성이 있음을 직감적으로 알았다는 데 있다. 대상화에서 내가 주목해서 보는 것은, 즉 대상화의 좋고 나쁨을 가르는 기준이 되는 것은 대상화하는 이의 '몸'이 어떻게 존재하는가다. 그 동료와 내가 함께 있던 자리에 그의 몸은 마치 존재하지 않는 것처럼 존재했다. 그가 어쩌다 당사자를 앞에 두고 긴 '얼평'(얼굴 평가의 줄임말)을 늘어놓을 수 있게 되었을까? 그는 성형수술은커녕 평소 옷 입는 것조차 신경 쓰지 않는 것처럼 보이는 남성의 몸을 가졌다. 그런 그가 왜 성형수술을 하고 나타난 여자 동료의 얼굴과 행동을 관찰하고, 그것을 왜 당사자에게 직접 말해주는지 성찰과 고민, 사유의 흔적을 충분히 보여줬더라면, 즉 그의 '얽힘'을 드러냈더라면 어땠을까?

남성 인문사회학자들 중에도 이런 경우는 많다. 이를테면 자신의 건강 문제 때문에 몸을 연구하게 되었다는 한 남성 인문학자가 관심을 갖는 주제가 왜 하필 섹스와 포르노, 그리고 외모냐는 말이다. 여성과 남성 사이에 비대칭성이 분명히 있는 섹스와 포르노, 외모의 문제를 도발적인 지식인의 자아를 보여주는 전시품으로 여기는 남성 학자들이 있다. 무엇보다 그런 남성들의 말과 글이 권위를 갖게 된다는 사실이 문제다. 대상화하는 자신의 위치성과 당사자성을 고민하지 않는 이들의 대상화는 그런 이들로만 채워진 세계에서는 흥미롭겠지만, 그들의 논윗거리로 소비되는 당사자들과는 연결되지 못한다.

　내가 꼽는 좋은 대상화의 사례 중 하나는 하미나의 『미쳐 있고 괴상하며 오만하고 똑똑한 여자들』(동아시아, 2021)이다. 수십 명의 20대 여성 우울증 환자를 인터뷰한 이 책에는 우울증 환자 당사자인 저자의 경험과 사유가 깊이 담겨 있다. 그가 저자로서 하고자 하는 주장이 무엇인지에 앞서, 대상화의 의도와 목적이 사려 깊게 충분히 책 곳곳에서 드러난다. 이는 그가 하고자 하는 말에 힘을 더한다. 김초엽과 김원영이 함께 쓴 『사이보그가 되다』(사계절, 2021)도 훌륭한 사례다. 당사자가 아니면 해당 연구를 해서는 안 된다고 말할 수는 없지만, 당사자의 이야기가 지니는 특유의 힘을 부인할 수는 없다. 아니 당사자란 반드시 환자나 장애인 등의 정체성을 가진 이들만을 뜻하지 않는다는 점에서, 모든 이야기는 당사자의 이야기여야 한다고 말할 수도 있다. 이를테면 의사, 상담실장, 지식인 남성, 혹은 성형수술을 한 아이의 부모 역시 기술과 '다양하게 얽힌 몸'을 가진 당사자다. 그러한 얽힘이 드러나는 몸과 기술의 이야기가 더 많이 쓰여야 한다.

좋은 대상화의 기본 조건은 연구 대상과 자신의 관계를 드러내, 대상이 되는 당사자의 몸뿐만 아니라 대상화를 하는 자기 몸도 드러내는 것이라고 생각한다. 성형미인을 연구 대상으로 삼는 이 책에서 성형한 내 몸과 성형외과를 참여관찰하는 내 몸을 감추지 않는 이유이다.

여자가 된 느낌

　청담 성형외과의 상담실장들은 모두 예뻤다. 놀랍게
도 그 누구도 강남미인의 정형화된 얼굴은 아니었지만 말
이다. 우리는 모두 여자였고 20~30대였으며 대부분 미혼
이었다. 우리가 모두 가지고 있었던 여자의 몸은 나이도,
하는 일도, 생각도 달랐던 그들과 내가 가지고 있는 거의
유일한 공통점이자 우리 사이에 서열을 만드는 기준이기
도 했다. 청담 성형외과에서 우리의 몸을 연결하고 또 구
분하는 것은 모두 외모였다. "성형수술에 대해 배우고 싶
어서 오신 분"으로 이곳에 갑자기 등장했던 나는 그들과
같지만 다른 몸, 즉 여자이지만 여자 같지 않은 몸을 가지
고 있었고 그런 나의 몸이 그들의 몸과 비슷해지는 만큼

169

우리는 서로 가까워졌다.

직원 휴게실과 차트 보관실을 겸하는 '탕비실'에서는 매일 아침 리셉션 데스크에서 보는 상담실장과는 전혀 다른 모습의 그들을 볼 수 있었다. 부드럽지만 의례적인 미소를 짓고 상냥하지만 마치 전화상담원처럼 꾸며낸 목소리로 환자를 대하는 상담실장으로서의 모습과는 달리 탕비실에 들어서는 순간 그들은 다양한 표정으로 격의 없는 대화를 나누는 그 나이대의 여성이 되었다. 출근할 때 입었던 사복을 벗고 유니폼으로 갈아입는 시간에 가장 놀랐던 것은 서로의 몸을 바라보고 이야기의 소재로 삼는 것에 거침이 없다는 사실이었다. 살이 쪘다거나 빠졌다거나 혹은 피부가 좋아 보인다거나 나빠 보인다거나 하는 코멘트는 인사말처럼 일상적으로 오갔고 예고 없이 자신이나 타인의 몸을 손으로 직접 만지는 것도 자연스러웠다.

특히 한 실장과 손 팀장은 가장 적극적이었고 그래서 나는 자주 당황했으나 이 둘과 가장 빨리 친해지게 되었다. 이 둘은 말과 행동에 거침이 없었다. 옷을 갈아입고 있는 나에게 다가와 옷자락을 확 들추며 내 가슴을 확인하기도 했고 예고 없이 내 옆구리살을 잡거나 배를 만지며 품평을 하기도 했다. "살이 찐 건 아닌데 탄력이 없는 게 문제"라며 내 배를 직접 확인한 손 팀장은 같이 운동을 하러 다니자고 말하기도 했다.

그들이 직접 확인한 나의 몸에 대한 평가는 다른 직원들에게 금세 공유되었고 특히 한 실장의 주도로 나에 대한 농담과 놀림이 뒤따랐다. 내가 아침에 유니폼으로 갈아입는 모습을 지켜보던 한 실장은 내가 가슴이 없어 보이는데 의외로 가슴이 크다면서 평소에 가슴을 붕대로 감고 다니는 거냐며 웃었다. 그러고는 보는 사람마다 그 얘기를 하고 다녔다. 덕분에 며칠 동안 나는 내 이름 대신 "윤복이"로 불렸다. 윤복이는 당시 인기 있던 드라마에서 가슴을 붕대로 감고 남자 행세를 하던 여자 주인공의 이름이었다.

현장연구 초기, 아이라인에 마스카라까지 챙겨 바르며 나름대로 외모 관리에 신경을 썼던 나는 화장에 익숙지가 않아 금세 눈밑이 거뭇해지고는 했다. 한 실장은 그런 내가 조니 뎁을 닮았다며 놀렸고, 손 팀장은 사무실에 나를 불러 앉히고는 눈썹을 뷰러로 집어서 마스카라를 발라주며 눈화장 방법을 가르쳐주었다. 손 팀장은 그 후로도 종종 자신이 쓰던 화장품을 내게 주거나 좋은 제품을 추천해주었으며, 나는 손 팀장이 옷을 사는 인터넷 쇼핑몰에서 함께 옷을 주문했다.

그들은 타인의 몸뿐만 아니라 자신의 몸에 대해서도 거침이 없었다. 옷을 갈아입을 때 드러나는 몸을 애써 가리지 않는 것은 기본이고, 옷을 들어서 자신의 가슴이나 배를 보여주고 내게 만져보라고 할 정도였다. 외모에 대해서는 초연한 척해야 하는 세계, 타인의 외모에 대한 지나친 관심은 예의에 어긋나는 것으로 간주되는 세계, 그리고 외모에 대한 관심과 개입을 외모지상주의라는 말로 덮는 데에 익숙한 세계에 속했던 나에게 자신과 상대방의 몸에 대해서 이토록 격의 없이 즉각적으로 개입하는 문화는 낯선 것이었다. 그럴 때마다 나는 당황스러웠고 어찌할 바를 몰랐으나 이상하게 전혀 불쾌하지 않았다. 어떤 카타르시스 같은 것이 느껴졌다고 할까.

카타르시스. 성형외과는 몸에 대한 엄숙주의나 자연주의가 수시로 깨지는 곳이었다. 몸보다는 마음이 중요하고, 있는 그대로의 몸을 사랑해야 한다는 세상의 위선을 비웃듯이 이곳에서는 몸에 대한 평가와 개입이 난무했다. 난무라는 표현을 쓴 이유는 가끔 몸이 지나치게 부각되는 것이 부담스럽기도 했기 때문이다. 카타르시스의 순간들 사이사이에 나라는 존재가 나의 피부 상태나 뱃살의 탄력 등으로 환원되어 폄하되거나 원치 않는 시술을 권유받을 때의 피로함을 가끔 느끼기도 했다.

그래도 마치 모두가 몸이 없는 듯이 살아가는 세계보다는 나았다. 내가 속한 또 다른 세계인 학계가 그랬다. 학계에서 성별이나 나이, 인종 등과 같이 몸의 차이로 서열을 짓는 것은 금기시되어 있다. 예쁘고 잘생긴 것은 그곳에서는 전혀 통용되지 않는 자원이다. 이상한 일이었다.

왜냐하면 현실이 꼭 그렇진 않았기 때문이다. 학계 주류는 중년 남성으로 그들은 대개 외모 따위는 신경 쓰지 않는 이들처럼 보이지만, 내 눈에는 젊어 보이고 싶어 하는 욕망과 멋진 외모에 대한 동경이 엿보였다. 학계 여성의 외모는 그야말로 양면적이다. 예쁜 여성 연구자는 주목을 받을 수는 있지만, 학문적 능력을 의심받기도 쉽다. 물론 공식적으로 학계의 권력은 그 사람의 지적인 능력에서 나오는 것이지, 그 사람의 몸과는 아무런 상관이 없었다. 이런 기이한 세계와 비교하면 성형외과는 차라리 솔직해서 좋은 곳이었다.

우리는 모두 여자라는 공통점으로 친해졌지만 동시에 그들의 언니이자 친구가 되면서 나의 몸은 비로소 여자의 몸이 되었다. 태어나면서부터 여자였지만 그들과 어울리면서 비로소 '여자가 된 느낌'을 가질 수 있었다고나 할까. 내가 한 번도 제대로 갖지 못했던 느낌이었고 청담 성형외과에서 임 코디 배지가 달려 있는 유니폼을 갈아입는 순간부터 갖게 된 느낌이었다. 리셉션 데스크에서 상냥한 목소리로 환자와 대화를 나눌 때나 임 코디로서 원장들과 대화를 나눌 때와 같이 아주 일상적인 순간이 나에게 그런 느낌을 주었다. 거기에 한 실장이나 손 팀장 등과 친해지면서 그들을 통해 화장이나 옷이 바뀌고 놀이 문화가 바뀌면서 나에게 결핍된 여성성이 채워지는 느낌을 받았다.

내 생일이라고 파티를 해준다고 날 잡는 애들을 보니 흐뭇하다. 우리가 이렇게 가까워졌구나. 기분이 좋다.

멤버는 나와 한 실장, 그리고 신 간호사. 우리는 2주 전부터 서로 마주칠 때마다 '그날 무슨 옷을 입을 거냐', '나는 새 원피스를 샀다', '나는 구두까지 샀다' 하면서 호들갑을 떨었다. 나도 이런 날이 아니면 입을 수 없는 옷을 주문하면서 설레었다.

지갑에 5만 원짜리를 두둑하게 채워 넣었다. 이번엔 내가 쏜다고 했으니, 이 정도면 되겠지. 그동안 내가 언니인데도 늘 애들이 술 사고 밥 사고 했으니 이번 한 번 정도는 이렇게 쏴줘야지 싶다. 술 마시고 노는 데에 이렇게 거금을 쓰기는 난생처음이다. 그래도 애들한테 쓰는 거니까 하나도 안 아깝다.

오늘을 위해 인터넷 쇼핑몰에서 등이 훅 파인 블랙 미니원피스와 하늘색 탑원피스를 주문했다. 저녁 8시 근처 강남역 쪽에서 한 실장이 흰색 아우디를 몰고 나타나 나를 픽업했고 곧 호텔에 도착했다. 한 실장의 아우디 안은 이미 클럽 뮤직으로 들썩들썩하다. 외국 칙릿 소설에 나오는 여자들이 된 것 같아서 기분이 좋다. 호텔로 들어서자 한 실장은 "발렛 맡기자. 이럴 땐 발렛 해줘야 돼"라면서 곧바로 호텔 현관 앞으로 간다. 한 실장은 차를 세우고는 짝퉁 샤넬백을 들고 내렸다. 나도 따라 내렸다.

우리는 먼저 한 실장의 지인이 빌려놨다는 호텔방으로 들어갔다.

9시쯤 되니 신 간호사가 도착했다. 방에 들어선 신 간호사가 재킷을 벗는 순간, 감탄사가 절로 나왔다. 인형이 따로 없었다. 한 실장은 말할 것도 없고 신 간호사까지 인형같이 예쁘다. 신 간호사는 나를 위해서 원피스와 샌들을 챙겨 왔다며 가방에서 주섬주섬 물건들을 꺼냈다.

"언니, 이거 오늘 입어보고 괜찮으면 언니가 가져가. 샌들만 신고 주면 돼."

나는 입고 온 하늘색 원피스 대신 신 간호사가 준 옷으로 갈아입었다. 속옷이 보일락 말락 할 정도로 짧고 뒷지퍼가 간신히 올라갈 정도로 몸에 딱 붙는 원피스였다. 저 날씬한 신 간호사의 원피스가 딱 맞을 정도면 내 몸매도 나쁘진 않구먼. 슬며시 웃음이 나왔다. 이 애들이 아니었으면, 이 현장연구를 하지 않았으면, 내 평생 이런 스타일의 원피스는 절대로 입을 일이 없었을 것이다. 게다가 신 간호사의 화장 실력 덕분에 내 눈은 2배는 더 커 보였다. 신 간호사가 빌려준 굽이 12센티미터나 되는 킬힐까지 신으니 나는 클럽에 어울리는 여자로 변신해 있었다.

클럽으로 향한다.

두근두근하다. 제일 기분 좋은 순간이다. 1층에서 지하에 있는 클럽으로 이어지는 계단을 내려가는 이 순간. 킬힐 때문에 발걸음이 조심스럽기는 하지만 그래도 내딛는 걸음마다 쾌감이 느껴진다. 어디서도 빠지지 않을 예쁜 여자 동생 두 명과 함께하는 이 순간. 미용실에서 머리를 하고 동생들이 해준 화장에 동생들이 준 원피스를 입고 당당하게 클럽에 입장한다. 게다가 이제는 뭐 얼굴에도 자신감이 있으니까. 수술하길 잘했다 싶은 순간이다.

우리는 무대 바로 옆의 자리를 차지하고 앉았다. 시간이 일러서 그런지 아직은 주변 테이블도 많이 비어 있고 사람도 많지 않다. 약간은 썰렁한 느낌이다. 기분이 최고다. 왜 나는 클럽을 좋아할까 생각해봤다. 내가 찾은 답은 이랬다. 사람이 적당히 다양한 정체성을 갖는다는 건 기분 좋은 일이다. 클럽에서 나는 대학원생, 연구자 등의 정체성에서 자유로울 수 있다. 그것만으로도 스트레스가 풀린다. 대신 여기서 나는 그냥 여자로서 존재한다. 이곳에서 나는 예쁘장한 여자로 존재하고 나는 그것에만 충실하면 된다. 이런 산업이 발전할 수밖에 없는 이유가 바로 거기에 있는 것 같다. 이곳에 오면, 일시적으로나마 나에게 붙은 모든 꼬리표와 나와 연결된 모든 것으로부터 벗어날 수 있다. 그리고 실컷 '여자 놀이'를 할 수 있다.

아직은 술에 취하지 않아 맨 정신에 번쩍이는 불빛을 바라본다. 쿵쾅거리는 음악 속에서 분주하게 움직이는 종업원들을 바라보며 저들에게는 지금이 하루 업무의 시작이겠구나 생각한다. 참 다들 열심히 사는구나. 마치 새벽 시장의 상인들을 보는 것 같았다.

현금으로 술값을 선불 계산한다. 보드카에 오렌지주스며 크렌베리주스 등을 섞어서 마시다가 보드카 스트레이트샷을 세 번쯤 마시니 그제야 취기가 살짝 돈다. 우리는 시답지 않은 얘기들을 나누며 술을 마시고 몇 번쯤 무대로 올라가 춤을 춘다. 또 몇 번은 남자들의 손에 이끌려 다른 테이블로 흩어졌다가 돌아오기를 반복했다. 어느새 신 간호사는 안 보이고 한 실장과 나만 남아 있다. 웬 남자가 카메라를 들이대고 사진을 찍기에 포즈를 잡아주기도 했다. "누나들 예뻐요!" 예쁘다는 말, 기분 좋다. 내가 한껏 예쁠 수 있는 공간, 나는 이곳이 너무 좋다.

내가 클럽을 좋아했던 것도 그런 이유에서였다. 나를 다른 어떤 존재도 아닌 여자로 있게 하는 곳. 한 실장이나 신 간호사처럼 화려하게 예쁠 필요도 없었다. 그곳에서 통용되는 노출이 많거나 몸매가 드러나는 옷차림에 화장을 한 것만으로도 나는 여자가 되었다. 성형을 하고 난 후에는 더 자신감이 생겼다. 내가 성형으로 예뻐진 후의 변화를 체감할 수 있는 유일한 곳이기도 했다.

예쁘든 그렇지 않든 여전히 지적 능력이 중요한 학계와는 달리 클럽에서는 외모 외에 다른 능력은 별로 중요하지 않다. 클럽은 외모 외의 다른 변수가 모두 제거되는 통제된 실험실 같은 곳이다. 이곳에서는 실험실 밖에서 다른 변수들과 뒤섞여 알아보기 힘든 외모의 가치를 분명하게 알아볼 수 있다. 물론 이것은 여자에게만 적용되는 규칙인 듯했다. 남자는 유학생이라거나 좋은 직장에 다닌다거나 재력이 있다거나 하는 다른 자원들로 외모의 손실분을 채울 수 있는 것처럼 보였기 때문이다. 성형 후 클럽이 아닌

곳에서의 내 삶은 오랜 시간을 들여서 힘들게 수술한 보람이 있나 싶을 정도로 별 차이가 없었지만 클럽에서만큼은 달랐다.

나에게 여자인 것과 여자가 된다는 것 혹은 여자라는 느낌이 드는 것은 서로 달랐다. 나는 이 둘 사이의 간극을 청담 성형외과에서, 상담실장들과 클럽을 가면서, 그리고 성형수술을 하면서 깨달았고 채워갔다. 친절하고 싹싹한 코디로서 의사의 업무를 보조할 때, 여자들끼리 어떻게 하면 예뻐지는지 각종 화장, 스타일링, 다이어트 팁을 공유할 때, 속눈썹을 붙이고 아이라인을 두껍게 칠하고 딱 붙는 원피스에 킬힐을 신고 클럽에 갈 때, 그리고 처음 만난 남자가 술을 권하며 예쁘다고 칭찬할 때 나에게 부족했던 여성성이 채워지고 내가 여자임이 의심의 여지가 없는 사실처럼 느껴졌다.

이 사회에서 여자가 된다는 것의 의미는 그렇다. 여자로 태어나서 존재하는 것만으로는 여자가 될 수 없는 것처럼 보인다. 여자가 되기 위해 필요한 많은 것들을 보면 알 수 있다. 화장품, 원피스나 치마, 높은 구두, 상냥한 말씨, 밝은 미소, 몸매 관리 팁 등. 가장 중요한 것이 하나 더 있다. 바로 남자가 필요로 하거나 원하는 역할을 수행하는 것. 여기에는 지시에 따라 주어진 업무를 잘 처리하고 고객을 늘 친절하게 응대하는 것뿐만 아니라, 손목을 잡아끄는 남자에게 못 이기는 척 끌려가는 것까지 포함된다. 나는 그곳에서 그동안 목말랐던 여성성에 대한 갈증을 맘껏 풀 수 있었다. 그제서야 온전히 여자가 된 것 같았다. 그리고 왜 그전까지 내가 여자임을 의심하고 불안해했는지 알게 되었다.

[여자가 되는 방법들과 내가 택한 방법]

나는 그동안 정확히 반대의 이유로 여자가 될 수 없었다. 여자가 되기 위해 필요한 사물들을 다루는 데에 영 서툴렀다. 분명히 티가 났을 것이다. 내가 제대로 된 여자가 아니라는 것이 말이다. 애초에 내가 화장을 하거나 옷 또는 신발을 고르는 기준이 그랬다. '여성스러운' 물건들과 내가 어울리지 않는다고 생각해서 자꾸 무난한 여성스러움에서 다소 벗어나는 것들을 골랐다. 물론 그래도 난 여자로 보였겠지만 분명 '진짜 여자'로 보이지는 않았을 것이고 나 자신의 느낌도 그러했다.

그러나 돌이켜보면 무엇보다 내가 여자가 되는 것에 장애물이 되었던 것은 나의 역할이었다. 나는 남자를 도와주고 빛나게 해주기보다는 주로 그들과 경쟁했고 경쟁에서 이겼다. 공부 잘하는 여자는 절대로 사랑스러운 여자아이가 될 수 없다. 남자아이를 제치고 수학과 과학에서 일등을 하는, 안경 쓴 무뚝뚝한 여자아이와 사랑에 빠지는 남자아이가 얼마나 될까?

그때는 몰랐다. 그게 이유라는 것을 말이다. 상상조차 하지 못했다. 선생님과 부모님, 친척 어른들이 모두 입을 모아 칭찬하는 똑똑하고 착한 여자아이를 왜 남자들이 좋아하지 않는지 말이다. 내가 찾은 유일한 이유는 외모였다. 더 예쁘지 않아서. 내가 남자들한테 인기가 없는 이유는 내 얼굴이 충분히 예쁘지 않아서였다. 나는 그렇게 굳게 믿었다.

그런데 이상하게도 과학고등학교에 진학하자 달라졌다. 난 여전히 예쁘지 않은 것 같은데 나를 좋아한다고 말하는 남자 동기와 선배가 생겼다. 한 학년 전체 학생 90명 중 여학생은 20명이 채 안 되었기에 모든 여학생이 관심의 대상이 되었고 나도 예외는 아니었다. 심지어 나는 그 중에서도 상대적으로 인기가 많은 편에 속했는데 이제는 그 이유를 알 것 같다. 과학고등학교에서 나는 수학, 과학에 뛰어난 학생이 아니었다. 대부분의 남학생들과는 경쟁이 되지 않았다. 아마 아무에게도 위협적인 존재가 아니었을 것이 분명했다. 아니, 위협을 당하는 존재에 가까웠다. 나는 짓궂은 남학생들의 장난에 놀라고 나를 놀리는 농담에 속아 넘어가는 순진한 여자아이의 역할을 맡아서 잘 수행했으니까. 그럼에도 난 여전히 스스로 여자라는 생각이 들지 않았다. 남자도 아니고 여자도 아닌, 여자의 몸을 가졌지만 여자라고 느껴지지는 않는 그런 10대 시절을 보냈다.

20대에도 다를 것은 없었다. 나는 공부에 흥미도 없고 능력도 없는 대학생의 역할을 수행 중이었기 때문에 학교 내에서 나에게 위협을 느끼는 남자는 없었다. 덕분에 학교 안에서는 그럭저럭 인기 있는 여자 노릇도 할 수 있었다. 여자 후배, 여자 동기를 챙기는 남자 선배와 남자 동기들 덕분에 일시적으로나마 여자로서의 존재감을 경험하기도 했다. 그러나 그것은 학교 밖을 나서는 순간 작동하지 않았다. 서울대 다니는 여자는 신기한 존재일 뿐 매력적인 여자와는 거리가 멀었다. 물론 그때는 몰랐다. 당시 나는 내가 서울대생이라는 사실이 엄청나게 매력적인 조건이라고 생각했기 때문에 문제의 원인을 다른 곳에서 찾았다. 그리고 그것은 고민할 여지도 없이 외모였다. 한 치의 의심도 없었다. 내가 어떻게 해도 만족스럽게 여자임을 느끼지 못하는 이유는 충분히 예쁘지 않기 때문이라고 말이다.

그러나 청담 성형외과에 와서야 깨달았다. 문제는 외모가 아니란 것을. 최소한 나 자신이 여자라고 느끼는가의 여부에서 가장 중요한 것은 외모보다는 역할이었다. 다른 여자들과 화장에 대해서 이야기하고, '설거지'를 하고, 전화를 받고, 환자를 안내하고, 의사의 지시를 따르는 것만으로도, 내가 '임 박사'가 아닌 '임 코디'로 불리는 것만으로도 나는 여자가 되었다고 느꼈다. 그제야 제자리를 찾은 느낌이었고, 그건 아주 깊은 '만족감'이었다.

그야말로 젠더 수행은 얼마나 중요한가. 그리고 그것은 개인에게 얼마나 강력한 영향을 주는가. 젠더는 생물학적 실체가 없고 과학으로 입증되지 않은 신화이지만 신화만큼 강렬하게 실재하는 것도 없다. 그때의 나는 여성성 신화를 의심할 생각조차 하지 못한 채 마냥 행복했다. 여자가 되고 싶었지만 어떻게 해야 하는지 몰라 실패를 거듭해오던 나는 그렇게 청담 성형외과 탕비실에서, 리셉션 데스크에서, 클럽에서 완전한 여자가 되었다.

흔히 여자는 외모로 평가된다고 하지만, 예쁜 여자라고 해서 특별할 것은 없다. 클럽의 예쁜 누나가 성형외과의 임 코디보다 더 우월한가 하면, 전혀 그렇지 않다. 세 명 중 가장 마지막까지 테이블에 남아 있는 것이 기분 좋은 일은 아니지만, 세 명 중 가장 먼저 테이블을 떠나게 된다고 해서 그곳의 남자들보다 우월하거나 그들과 동등한 존재가 되는 것은 아니기 때문이다. 내가 그토록 찾아 헤매던 여자로서의 나의 집, 나의 안식처는 남자와 동등하게 경쟁하는 세계에서는 애초에 존재하지 않았음을 나는 끝까지 가보고 나서야, 성형수술의 세계에 얽혀 마침내 사회가 규정하는 여성성을 온전히 수행하고 나서야 깨닫게 되었다.

여자 됨이 주는 깊은 '만족감'을 여성성 수행에 대한 각성으로 전환할 수 있었던 것은 먼저 깨달은 다른 여성들 덕분이다. 그들은 바로 '탈코르셋' 운동을 주도해온 동시대 젊은 여성들로, 여자 됨에 남자보다 열등하거나 보조적인 역할 혹은 성적 대상화가 필수요건임을 깨달은 이상 그러한 방식의 여자 됨을 기꺼이 받아들일 수 없었다. 내가 그들 나이였을 때 화장을 하지 않으면 "초등학교 남자애 같다"는 말을 듣고 나는 더 열심히 화장을 했다. 그러나 '코르셋에서 탈출한' 요즘의 여자들은 '초등학교 남자애' 같은 모습을 '디폴트'라고 하며 당당해한다. 여자가 되기 위해 필요한 사물들을 몽땅 버리고도, 아무것도 더 하거나 덜 하지 않고 여자로 태어나 살아온 것만으로도 여자가 될 수 있다는 당연한 사실을 그들 덕분에 알았다. 남자들과 경쟁하고 그들을 이겨도 내가 여자임을 의심할 필요는 없다는 당연한 사실을 말이다.

이 새로운 여자 됨의 핵심은 생물학에 대한 순응이 아니라, 젠더 신화에 대한 저항이다. 물론 생물학은 여전히 유효하다. 이 사회가 여성으로 태어났다는 이유만으로 차별해온 경험을 공유함으로써 갖게 되는 연대감이 있기 때문이다. 다르게 표현하자면 여자들은 (사회가 기대하는)

여자가 되고 싶지 않고 실제로 그런 여자가 아님에도 여자로 태어난 것만으로 (사회가 기대하는) 여자일 것을 기대받고 그런 (불평등한) 대우를 받아왔다. 젠더 신화는 보조적이거나 열등한 역할을 수행하는 것을 여성스러운 일로 만듦으로써 이런 불평등과 차별을 정당화한다.

어찌 보면 그때의 내가 청담 성형외과에서 여자가 되는 오래된 방법을 마침내 실현해본 덕분에 그 후의 내가 여자가 되는 새로운 방법을 의심하지 않을 수 있었던 것 같다. 지금 내가 실현하고자 애쓰는 여자가 되는 완전히 다른 방법은 이렇다. 다른 여성을 돕고 다른 여성에게 도움을 받으며, 서로의 성장과 성공에 진심으로 기뻐하고, 좌절과 실패에 함께 맞서고 버티는 것. 세대를 넘어 동시대 여성들과 함께 나누고 싶은 이야기, 함께 이뤄내고 싶은 일이 무척 많다.

III

성형수술을
고민하는 이들에게

[성형외과에는 미인도, 괴물도 없다 ━━━━━━━━]

나는 서울 강남구의 한 성형외과를 수년 동안 참여관찰했고 나 자신이 성형수술도 받았다. TV 프로그램과 광고 속의 성형수술이 아닌 실제 성형외과에서 매일매일 일어나는 성형수술을 오랫동안 지켜봤고, 성형외과 전문의와 보조 의료진, 그리고 수술이나 상담을 위해 성형외과 의원을 찾아오는 사람들까지 많은 사람을 만나보았다.

처음 성형외과 참여관찰을 시작했을 때 나는 성형외과에 가서 하루 종일 앉아 있으면 온갖 (성형)미인들을 다 만나게 될 것이라고 생각했다. 그러나 돌이켜보면 그렇게 많은 '미인'을 본 기억은 없다. 그 성형외과의 의사들이 실력이 없어서가 아니다. 이유는 단순하고도 현실적이다. 의사가 수술을 끝냈다고 해서 환자가 갑자기 예뻐지는 것은 아니기 때문이다. 예를 들어, 간단한 쌍꺼풀수술의 경우에도 수술 후 한동안은 눈꺼풀이 붓거나 부자연스럽게 보일 수 있다. 하물며 양악수술과 같이 얼굴뼈를 교정하는 수술을 한다면 붓기가 더 오래갈 뿐만 아니라 한동안 정상적으로 음식물을 씹는 것조차 어렵다. 수술 후 회복 기간이라고 불리는 기간은 개인마다 조금씩 다를 뿐만 아니라 회복의 의미도 상당히 모호하다.

그렇다고 해서 성형수술을 받고 부작용에 시달리거나 위험한 상황에 놓이는 환자들이 많냐 하면 전혀 그렇지 않다. 극히 일부의 환자들이 수술 부위에 염증이 생기거나 하는 이유로 수술 결과에 만족하지 못하는 경우가 종종 있지만, TV 고발 프로그램에 나오는 것처럼 심각한 수술 후유증으로 얼굴이 일그러진 '괴물'은 흔치 않다.

한마디로 말하자면, 성형수술의 결과는 대부분 성공이나 실패가 아닌, 그사이의 넓은 스펙트럼 어딘가에 속한다. 성형미인이 모두 똑같이 생겼다고들 하지만, 과연 정말 그러한가? 이론적으로 100퍼센트 예쁜 얼굴과 0퍼센트 예쁜 얼굴(못생긴 얼굴) 사이에는 무수히 많은 (예쁜) 얼굴이 존재할 것이고, 성형 후의 얼굴 역시 마찬가지다. 어떤 날은 자신의 얼굴이 예뻐 보이고 어떤 날은 그렇지 않듯이 성형미인들도 마찬가지다. 잘 알겠지만 자기 얼굴에 대한 평가는 많은 것의 영향을 받는다. 누군가가 지나가며 던진 말 한마디에 예뻐 보이기도 하고, SNS에서 우연히 본 지인의 사진에 자신은 성형을 해도 이 정도인가 하며 자괴감에 빠지기도 한다. 성형외과 의사가 판단하는 예쁜 얼굴과 환자 스스로가 생각하는 예쁜 얼굴이 일치하지 않는 경우도 많다.

내가 본 환자들 중 누구도 수술을 통해서 예뻐지지 않은 사람은 없었지만, 그 정도는 각기 달랐다. 남이 예쁘다고 해도 본인은 극구 부정하며 우울해하는 경우도 있지만, 본인은 예뻐졌다며 만족스러워해도 보는 이들이 안타까워하는 경우도 있다. 이러한 현실은 성형수술을 홍보하는 이들이 말하는 성형의 효과, 그리고 성형수술에 반대하는 사람이 말하는 성형의 위험과 부작용, 둘 다 얼마간 부풀려져 있음을 의미한다. 성형수술로 예뻐지는 데 성공하거나 실패하거나 둘 중 하나라면 간단할 텐데, 현실은 대부분 그사이 어디쯤에 있어서 문제다.

[남이 예쁜 것과 내가 예쁜 것은 다르다 —————]

성형수술을 하면 예뻐진다는 믿음은 어디에서 오는 것인가? 성형 의혹 혹은 성형 고백이 끊이지 않는 선남선

녀 연예인들 때문인가? 성형 후 변신한 주인공의 모습을 드라마틱하게 보여주는 케이블 TV의 메이크오버 프로그램 때문인가? 성형외과 광고마다 등장하는 '수술 전후 사진' 때문인가? 혹은 성형수술을 한 친구가 SNS나 블로그에 올리는 '몰라보게 예뻐진' 사진들 때문인가? 아마 전부 다일 것이다. 그리고 그것들은 연출된 이미지로서의 몸을 보여준다는 공통점을 갖는다. 즉 우리는 2차원 평면 위에 보여지는 얼굴을 보며 예쁜 사람과 그렇지 않은 사람을 나누고, 성형수술이 효과가 있는지 없는지를 판단한다. 자신이 아닌 다른 사람의 외모를 평가하는 것은 이렇게 쉽다. 자신에게 타인의 몸은 하나의 차원으로만 존재한다.

그러나 예뻐진다는 것이 자기 일이 되면 상황은 완전히 달라진다. 우리는 보통 사람이 둘로 구분된다고 본다. 몸과 마음. 그래서 성형수술로 몸이 바뀌면 마음도 바뀌어서 자신감이 넘치고 행복해질 거라고 여기거나, 겉으로 보이는 외모가 어떻든 마음만 먹으면 자신에게 만족할 수 있다고 상상한다. 그러나 우리는 다차원적인 존재다. 특히 남과 달리 자기 자신은 더욱 그렇다.

가장 단순하게 말한다고 해도 성형수술과 관련해서는 최소한 세 가지 차원의 몸이 존재한다. 생물학적인 몸, 외부에서 관찰하는 몸, 그리고 외부와 상호작용하는 몸. 성형수술을 받는다는 것은 우리의 생물학적 몸이 가지고 있던 해부학적 구조를 바꾸는 것이고, 우리가 거울이나 사진을 통해서만 볼 수 있는 몸의 겉모습을 바꾸는 것이며, 그럼으로써 주위 사람들과 자기 사이의 관계를 바꾸는 것이다.

다른 이의 성형수술을 평가할 때 평가 대상이 되는 몸은 보통 두 번째 차원, 즉 보이는 몸의 차원이다. 우리는 다른 사람의 몸의 해부학적 구조나 생리현상을 느낄 수 없으며 그 사람이 세상과 맺는 관계도 다 알 수 없다. 그래서 다른 사람의 성형수술은 단순하다. 예뻐졌거나 그렇지 않거나.

하지만 나의 몸은 다르다. 성형수술을 통해서 '내가 예뻐졌다'고 생각하려면 여러 차원에 존재하는 몸에 대한 평가가 모두 맞아떨어져야 한다. 뼈의 위치와 모양이 바뀌었지만 거울에 비치는 자기 모습이 예쁘지 않다면 과연 예뻐졌다고 느낄 수 있을까? 사진으로 보면 예뻐진 것 같은데 주위 사람들이 "예전이 더 예뻤다"고 말한다면 과연 수술이 만족스러울 것인가? 혹은 모두가 예뻐졌다고 부러워하는데 수술 부위에 염증이 생겼다거나 기능적으로 문제가 생긴다면 과연 행복할 것인가? 남이 수술받은 것은 그저 그 사람의 겉모습으로 판단하면 될 일이지만, 자신이 수술을 받게 되면 예뻐지기란 이렇게 복잡한 일이 된다.

예뻐지고 싶어 하는 마음, 그리고 예뻐지고 싶어서 성형수술을 선택하는 결정 자체에 대한 비판은 일단 접어두겠다. 다만 자기가 성형으로 예뻐지는 것이 남이 성형으로 예쁘게 보이는 것과 똑같이 간단할 것이라고 착각하지 말자. 예뻐진다는 것은 앞서 설명한 대로 최소한 세 가지 차원에서 적절한 변화가 일어나면서 만들어지는 결과물이기 때문에 실현하기가 쉽지 않을 뿐만 아니라, 계속 유지하기 위해서도 노력이 필요한 일이다. 성형수술을 하기만 하면 자동으로 예뻐지는 것이 아니라, 예뻐지는 데는 성형수술 후에도 또 노력이 필요하다.

많은 환자를 만나보고 직접 수술도 해본 나의 경험에 비추어보자면, 예뻐졌다는 생각은 그렇게 쉽게 얻어지지 않는다. 몸의 감각, 거울이나 사진 속의 몸, 남들의 평가 중 하나만 변해도 수술에 불만을 갖게 되고 자신감을 잃게 되는 경우가 흔하다. 물론 어느 시점이 되면 이것들 사이를 조율하는 자신만의 방법을 터득해서 웬만한 변화에는 크게 흔들리지 않을 정도로 자기의 얼굴에 대하여 안정적인 인식을 갖게 된다. 그렇게 되기까지는 절대적으로 '시간'이 필요하다. 특히 청소년의 성형수술이 문제가 될 수 있다. 이 '시간'이 과연 청소년에게 주어지는가가 관건이다. 보통 성형수술을 원하는 청소년에게 의사들은 얼굴뼈의 성장이 끝나면 다시 생각해보자는 조언을 한다. 그리고 청소년기는 몸만 성장하는 시기가 아니라 마음과 환경도 바뀔 수 있는 시기다. 자신의 몸과 마음, 주변 상황 모두 변할 가능성이 크면 새롭게 변한 외모를 받아들일 수 있는 시간을 확보하기 어렵고, 그만큼 자신이 예뻐졌다는 생각을 지속적이고 안정적으로 유지하기도 어렵게 된다.

결론적으로 성형수술로 효과를 가장 크게 볼 수 있는 사람은 자신의 생물학적인 몸의 변화, 눈에 보이는 겉모습의 변화, 그리고 자신의 외모에 대한 사회적인 시선의 변화 등에 잘 대처해서 스스로 아름다워졌다고 믿을 수 있는 의지와 조건을 갖추고 있는 사람이다. 자기 몸을 스스로 잘 돌볼 줄 모르고 다른 이들의 시선에 휘둘리는 사람이라면 성인이라고 해도 성형수술은 위험한 선택이다. 하물며 수많은 변화의 가능성을 앞에 두고 커나가는 대부분의 청소년들은 당연히 성형수술을 신중하게 고려해야 한다.

[지금 성형수술을 고민하고 있다면 ───────]

성형수술을 하고 싶어 하는 자녀가 있다면 무조건 말리기보다 충분한 대화를 통해 성형수술의 효과가 얼마나 다차원적이고 다변적인 산물인지를 이해시킬 필요가 있다. 자녀와 함께 성형외과 전문의 상담을 받아보는 것도 좋다. 의사를 만나고 병원이나 의원에 가보는 경험만으로 다급한 마음이 잡히는 경우도 있으니까. 인터넷에서 성형수술과 관련한 카페나 블로그를 함께 찾아보고 성형 후기를 읽어보거나 관련 기사 또는 글을 찾아보는 수고는 기본이다.

바쁘다는 핑계로 자녀 혼자 혹은 또래 친구들끼리만 성형외과 상담을 받고 병원이나 수술을 결정하게 하는 것은 부모의 책임과 의무를 포기하는 것이다. 또 대중매체나 인터넷 성형카페, 광고 등을 통해 수술비가 저렴하거나 수술을 잘한다는 소문이 난 병원을 찾아가는 것은 추천할 것이 못 된다. 성형수술도 결국 수술이고 의료행위다. 좋은 의사가 좋은 환자를 만들기도 하지만, 좋은 환자가 좋은 의사를 만들기도 한다. 성형수술을 쇼핑처럼 생각한다면 결국 성형수술로 장사를 하려는 이들을 만나게 될 것이다.

자녀가 외모 불만으로 표현되는 심리적 문제로 힘들어하고 있는지도 점검해야 한다. 필요하다면 진지하게 그 문제를 상담해줄 전문가를 찾아야 한다. 단언컨대 그런 진심 어린 마음으로 자녀와 함께 성형외과를 방문하다 보면 많은 의사 중에서 의사로서의 책임감과 전문지식을 갖추고 환자를 대하는 이가 누구인지 분별해낼 수 있을 것이다. 자기 자녀에게 성형수술이 필요한지, 필요하다면 어떤 수술이 필요한지, 그리고 언제쯤 수술을 하면 좋은지 등은 그때 전문가에게 물어도 늦지 않다. 많은 경우 성형수술을 당장 하지는 않더라도 이렇게 무언가를 '하는 것'만으로 상황이 개선된다.

그러나 이런 식으로 성형수술 결정을 성인이 된 이후로 지연시키는 것만이 능사는 아니다. 몸은 여러 차원에서 존재하지만 보여지는 몸인 외모는 '단순히 예뻐지려는 것' 정도로 취급될 수 있는 가벼운 문제가 아니다. 몸은 오로지 나와만 연결된 존재이기에, 몸의 문제만큼 나를 외롭게 하는 문제도 없다. 특히 여자 청소년이나 정체성 문제로 고민하는 청소년이라면 외모 변화와 성형수술에 대한 강력한 욕망은 생존의 문제일 수 있다. 대화나 전문가 상담 등으로만 삶이 나아지지 않는다면 성인이 되어 되돌릴 수 있거나 바꿀 수 있는 종류의 시술을 하는 것도 한 방법이다.

결국 성형수술을 결정하게 되었다면? 자녀를, 그리고 스스로를 혼자 두지 말 것. 가장 중요한 주의사항이다. 성형외과 수술실에서 변하는 것은 몸의 해부학, 생물학적 구조일 뿐이고, 그 외의 모든 변화는 오롯이 자녀가 부모와 함께 감당해야 할 문제다. 그 과정에서 외로움과 고립감을 얼마나 덜 느끼는가는 심리적으로도 중요할뿐더러 정보 습득 및 문제 발생시 공동 대처의 차원에서도 중요하다. 비슷한 시술이나 수술을 받은 청소년 집단을 찾아보고, 없으면 직접 만들자. 그리고 그렇게 모인 몸들이 해당 시술이나 수술의 현실적 효과를 보여주는 데이터가 되어 관련

의학과 과학을 개선하는 데 도움을 주고, 나아가 그 시술이나 수술 선택에 영향을 주는 주요 정보원이 되어야 할 것이다. 연결된 몸들은 그렇게 강해질 수 있다.

포스트휴먼 시대의
에티켓

[당신의 친구가 '성괴'가 되어 나타난다면 ───────]

어떻게 해석할까…. 난 어떻게 했어야 했을까….

어제 정말 오랜만에 수민을 만났다.

처음에는 못 알아봤다. 다른 건 모르겠는데 눈이 정말 부자연스럽게 커져 있었다. 코도 왠지 더 높아 보였고….

원래도 코수술을 했던 애였고 중간에 SNS를 통해서 쌍꺼풀수술 했던 것도 봤고 헤어라인 시술 했던 것도 봤는데 그게 다가 아니었다. 그 후에 또 눈에 손을 댔던 모양이다. 앞트임을 좀 과하게 한 것 같고 쌍꺼풀 라인이 너무 짙어졌다. 거기에 코에 넣은 보형물까지 너무 눈에 띄어서… 아, 정말 인터넷에 돌아다니는 '강남 성형녀'나 '성괴' 같은 얼굴이 되어버린 것이다.

살이 없어 안 그래도 길어 보이는 얼굴이 코가 길어지니 더 길어 보였다…. 최 원장의 이론대로 정말 그랬다.

그런 수민을 보고 난 더 예뻐졌다고 말했다.

눈이 엄청 커졌다는 나의 말에 수민은 티 많이 나냐고 물었다. 수술한 지 얼마 안 되어서 그런 것 아니냐는 나의 말에 수민은 "아… 그래 보여? 앞트임이 좀 그렇지?"라고 대꾸했다.

아… 너무 어색해져버렸다. 내가 변한 건가, 수민이 변한 건가 모르겠다.

수민의 어색한 얼굴에 난 맘이 아팠다. 그러고 보니 예전에 내가 수술한 직후 만났던 사람들의 반응이 이해가 됐다.

그 사람들도 어색했던 것이다. 내가 무슨 생각으로 수술을 했는지는 중요하지 않았을 것이다. 그들에게 익숙한 내 얼굴이 갑자기 변했다는 사실이 중요했을 뿐. 내 경우에는 분명히 '턱이 없어졌다'고 느꼈을 것이다. '아니, 멀쩡한 얼굴에서 왜 턱을 저렇게 쑥 집어넣어버렸나? 어색하다'라고 생각했을 것 같다. '예뻐졌다'는 인사로 그냥 넘어가거나, '몰라봤다'고 하면서 팩트 그대로를 말하거나. 사실 "전에도 예뻤는데…"라는 말이 진심에 가장 가까웠을 것이다. 남이 보는 내 얼굴은 내가 보는 내 얼굴과는 다르니까.

그렇게 전형적인 강남 성형녀가 된다는 건 어떤 의미일까? 일단 본인도 알고는 있을 것이다. 자신의 얼굴이 좀 부자연스러워 보인다는 것쯤. 아니, 확실히 알고 있었다. 그런데 그게 한 번에 강남 성형녀가 되는 게 아니라 조금씩, 하나씩 고치다 보면 그렇게 되는 것이다. 상대방에게는 갑자기 사람이 변한 것 같지만 사실은 조금씩 조금씩 고치다가 어느 순간 임계점을 넘어버린 것이다. 매일매일 보는 자기 얼굴은 이상해 보이지 않았을 거고, 예전의 얼굴을 왜곡되게(?) 인식했던 눈으로는 자신의 변한 얼굴 역시 남들이 보는 것과는 다르게 인식했을 것이다.

쿨해질 수는 없었다. 어떻게 해야 수민에게 쿨해질 수 있을까. 그 순간에도 고민했지만 그럴 수는 없었다. '왜 저렇게 과하게 손을 댔을까?'라는 질문과 함께 '아… 그렇게 예뻤던 수민은 어디 가고, 이제 누가 봐도 성형한 얼굴이 되어버렸나'라는 안타까움이 나를 압도했다. '본인만 만족하면 되지, 내가 무슨 상관이야'라고도 생각해봤지만 왠지 본인도 만족하지 않을 것 같다는 생각이 들었다. 안타까웠다. 도대체 내가 왜 이렇게 안타까워하지?

　손 팀장의 과하게 보정된 사진에 여러 번 속은 이후 나는 더 이상 사진을 믿지 않았다. 수민의 SNS 사진을 보면서도 그랬다. 과하게 큰 눈과 지나치게 깔끔하게 정리된 헤어라인. 흠칫 놀랐지만 이내 이건 만들어진 이미지일 뿐이라는 점을 상기하며 안심했다. 그러다가 오랜만에 만난 수민을 보고 나는 대혼란에 빠졌다. 실제 수민의 모습은 SNS 프로필 이미지와 다르지 않았다. 그 모습 자체는 성형괴물이라고 불리는 이미지들을 보며 이미 익숙했다. 문제는 그런 모습을 온라인이 아닌 오프라인에서 마주쳤다는 사실이다. 게다가 이 익숙한 모습의 주인공은 오랜만에 만난 내가 아끼는 동생이었다. 나는 수민에게 절대로 상처를 주고 싶지 않았다.

온라인에서 성형괴물을 만나는 것은 크게 문제될 것이 없다. 그들의 얼굴을 뚫어지게 쳐다봐도 되고 잠시 안타까운 표정을 지어도 되며 오를랑의 작품과 비교 분석해봐도 됐다. 그래서 아마 어떤 이들은 성괴, 강남미인, 강남성괴 운운하며 조롱과 혐오의 표현들을 만들어내는 것이겠지. 자기와 아무 상관 없는 여자들의 사진, 그저 인터넷 게시판 어딘가에 누군가 올린 그 여자들의 사진을 보며 비웃는 댓글을 다는 것이겠지. 그 여자들을 걱정하는 사람들도 마찬가지다. 어쩌다 턱이 저렇게 작아져버렸을까, 입매는 왜 저렇게 부자연스러울까 등등, 누군가는 성형괴물을 보며 저렇게까지 성형수술을 해야만 했던 여자들의 상황을 안타까워할 수도 있다. 그러나 오랜만에 만난 지인이 성형괴물의 모습을 하고 있다면? 그 지인의 SNS 사진을 보며 했던 생각을 그대로 말할 수 있을까?

그렇다면 성형수술을 하고 돌아온 친구, 동료, 가족에게 무슨 말을 해주어야 할까? 내가 수술을 했을 때 나는 무슨 말을 듣고 싶었던 것일까? 돌이켜보면 우리는 모두 서툴렀다. 인터넷에서 성형수술로 변신한 연예인을 보며 평가하는 것과 어느 날 붓고 어색한 얼굴로 나타난 지인에게 한마디 건네는 것은 다르다. 나에게도, 그들에게도 익숙한 경험이 아니었다.

반면 병원 사람들은 달랐다. 그들은 매일 수술실에서 그리고 회복실에서 멍이 들고 부은 얼굴에서부터 차츰 자리를 잡아가는 얼굴까지 다양한 성형미인들을 만나왔다. 그들은 알고 있었다. 성형수술이 똑같은 미녀를 찍어낼 수 없다는 사실을. 서로 다른 해부학적 구조, 체질, 그리고 이전의 수술 경력에 따라서 환자들은 다르게 멍이 들고 다르게 부으며 다르게 회복하고 결국 다르게 예뻐진다는 사실을. 이 모든 것에 익숙한 이들은 무심하고 편안한 기운을 내뿜는다. 그리고 나 역시 그 기운 속에서 그들에게 그리고 나 스스로에게 너그러워진다. 그것은 언어의 차원을 넘어서는 것이다.

[인간 향상 기술은 향상된 인간만 만들지 않는다 ──────]

과학기술의 발전으로 포스트휴먼의 시대, 인간 향상의 시대가 온다고들 한다. 그리고 그러한 시대에 대비해야 한다고들 한다. 철학자들은 향상된 신체를 가진 인간이 과연 인간일 것인지 고민한다. 그리고 인간이 생물학적 진화의 한계를 뛰어넘어 신의 경지에 도달할 것이라고 엄숙하

201

게 예언한다. 특정 포스트휴먼에 대해서 그보다 더 현실적인 문제를 제기하는 이들도 있다. 예를 들어, 인공지능이 어떤 인간의 일자리를 먼저 빼앗을 것인지, 자율주행차가 사람을 치면 누구에게 책임을 물을 것인지, 혹은 로봇에게 세금을 물릴 것인지 등의 문제들이다.

반면 포스트휴먼들과 어떻게 친구가 되어야 할지, 어떤 매너로 그들을 대해야 할지, 그들과 매일 어떤 인사를 나누어야 할지에 대해서 관심을 갖는 이들은 별로 없다. 여러 번의 성형으로 자연스러움이 사라진 얼굴을 갖게 된 지인에게 어떤 말을 해야 할지, 작동을 하기는 하지만 자주 실수를 하거나 오작동을 하는 로봇을 어떻게 처리해야 할지, 나아가 사람인 척하지만 사실 사람이 아닌 티가 나는 안드로이드에게 어떤 표정을 지어야 할지 등과 같은 것들 말이다.

일본의 로봇공학자 모리 마사히로森政弘가 제안한 불쾌한 골짜기, '언캐니 밸리'uncanny valley 이론에 따르면, 어떤 존재가 사람처럼 보일수록 사람들은 친근감을 가지지만 사람처럼 보이는 정도가 특정 수준에 도달하면 오히려 섬뜩하거나 기이한 혹은 불쾌한 기분을 불러일으킨다고 한다. 이 개념은 인간을 닮은 창조물을 만들고 싶어 하는 공학자들에게 최소한의 지침이 되어줄지 모른다. 그러나 이미 골짜기에 빠져버린 존재들, 그리고 그들과 마주치게 된 인간에게는 어떤 지침도 주지 못한다. 우리가 포스트휴먼의 시대를 기꺼이 받아들인다면, 언캐니 밸리의 존재를 아는 것만으로는 부족하다. 그 '골짜기'는 절대적이고 보편적인 것이 아니어서 나도 언제든 그 누구에게 성괴로 불릴 수 있고, 어떤 포스트휴먼이든 잠재적으로 프랑켄슈타인의 괴물과 같은 신세가 될 가능성이 있다. 반면 우리가 다양한 포스트휴먼적 존재에 익숙해질수록 골짜기의 골이 낮아져 나중에는 큰 의미가 없어질 수도 있을 것이다.

성형수술은 가장 대중화된 트랜스휴먼 기술 중 하나다. 많은 이가 성형수술을 염두에 두고 인간 향상 기술을 비판한다. 인간 향상 기술은 쉽게 치료 대 향상 논쟁에 휩싸인다. 많은 인간 향상 기술이 치료를 목적으로 개발되고 있으나 결국은 향상을 위해 사용될 것이라고 우려한다. 치료와 향상의 경계는 모호하고 인간의 욕망은 대개 치료에서 멈추지 않는다.

어쩌면 애초부터 우리의 몸은, 아니 우리는 기능적인 동시에 심미적인 존재다. 그러니 치료 목적이라면 정당하지만 향상 목적이라면 문제가 있다는 식의 논리는 현실에서 쓸모가 없다. 실제로도 처음 만난 사람이 과학기술의 개입으로 변형된 몸을 가지고 있는지 아닌지, 그리고 그 변형의 동기가 치료인지 향상인지는 그가 '고백'을 하지 않는 이상 알 도리가 없다. 성형수술의 경우 외모를 바꾸는 기술이라는 특성 때문에 보는 것만으로도 알 수 있다고 착각하는 것일 뿐이다. 누군가를 자연미인으로, 성형미인으로 혹은 성괴로 부르는가는 그렇게 부르는 사람의 미적 취향에 의존하는 것이기도 하다. 그러니까 결국 다양한 차원에서 주어진 몸과 정신을 개조한 존재들과 함께 살아감에 있어 중요한 것은 기술 개입의 목적이 치료인가 향상인가와 관련 있는 윤리성보다 기술 개입의 결과가 보기에 평범한지 탁월한지와 관련 있는 심미성일 수 있다. 치료 대 향상의 윤리는 지극히 인간 중심적인 잣대다. 포스트휴먼은 향상의 원래 의도와는 반대로 언캐니 밸리에 빠져 기괴한 몸을 갖게 되는 일이 벌어지지 않을까 걱정하지, 남들과 비슷한 몸을 갖기 위해 치료를 받으려다 남들보다 우월한 몸이 될까 봐 두려워하지 않는다.

갑자기 어색한 이마 라인에 앞·뒤트임까지 한 진한 쌍꺼풀의 눈을 하고 나타난 친구에게 어떤 인사를 건넬 것인가는 생각보다 중요한 문제다. 그것은 나와 다른 몸의 타자를 어떻게 대할 것인가의 문제이기 때문이다. 그리고 그것은 언캐니 밸리 언저리에서 만나게 될 포스트휴먼을 어떻게 대할 것인가의 문제이기도 하다. 고백하건대, 나는 솔직하게 말하지 못했다. "어머, 너 많이 달라졌다. 못 알아보겠어"라고 밝은 하이톤의 인사를 건넸지만, 내 마음 한켠이 무너져내렸다. '본인이 행복해하는데 내가 뭔데 동정하지' 싶은 마음과 '그렇다고 이렇게 잘못된 신호를 줘서 정말 예뻐졌다고 믿게 하는 것이 옳은 일인지' 싶은 마음이 동시에 들었다. 하지만 "헤어라인 예쁘지?"라는 친구의 질문에 나는 그렇다고 대답해버렸다.

성형으로 예뻐진 사람에게 예뻐졌다고 말하는 건 쉽다. 유전적 향상을 통해 좋은 운동신경과 지능을 타고난 사람에게 그 좋은 신체적 자질을 칭찬하는 말을 하기는 쉽다. 사람처럼 느껴지는 안드로이드를 사람처럼 대하는 것은 쉽다. 그러나 성형으로 매우 부자연스러운 얼굴이 되어버렸다면? 디자이너 베이비(원하는 대로 유전자를 수정해 태어나게 한 아기)인데 의도치 않은 유전형질이 발현된 신체로 살아가야 한다면? 인간과 동등하게 살기를 원하는 안드로이드가 인간으로 느껴지지 않는다면? 우리에게는 그들을 어떻게 대할 권리와 의무가 주어지는 것일까?

우리는 다른 존재에 대한 배려와 그들과의 관계 맺음 속에서만 함께 살아가는 방법을 찾고 만들어나갈 수 있다. 우리는 더 많은 '괴물'을 더 자주 만나야 한다. 마치 청담 성형외과에 오는 사람들처럼. 미인과 괴물 사이에 있는 다양한 얼굴의 사람들을 만나다 보면 미인을 덜 동경하게 될 뿐만 아니라, 괴물 앞에서도 덜 당황하게 된다. 그렇게 함께 섬뜩한 골짜기를 넘어 포스트휴먼과 편안하게 인사를 나눌 수 있는 방법을 터득해야 한다.

언캐니 밸리의 성형미인이 항상 '괴물'의 모습을 띠는 것은 아니다. 앞서 강조했듯이 누군가에게는 성형괴물이지만 또 다른 누군가에게는 그저 수술한 티가 나는 미인일 수 있기 때문이다. 논의를 포스트휴먼으로 확장한다면, 우리가 함께 살아야 할 포스트휴먼이란 기괴한 모습의 안드로이드일 수도 있으나, 인간의 몸에 기계가 결합하여 인간보다 뛰어난 능력을 갖는 사이보그일 수도 있다. 예뻐진 연예인 사진마다 빠지지 않는 성형수술 의혹과 비아냥의 댓글들은 우리가 함께 살아가는 법을 배워야 하는 존재들이 반드시 괴물의 모습을 하지 않을 것임을 짐작하게 한다.

과도한 성형으로 부자연스러운 얼굴을 갖게 된 친구뿐만 아니라 성형으로 몰라보게 예뻐진 친구, 실리콘 피부에 어색하게 눈을 깜빡이는 로봇뿐만 아니라 인간보다 지적 능력이 뛰어난 인공지능 로봇과 함께 살아가는 법은 저절로 얻어지지 않는다. 그들을 언캐니하게 느껴서는 안 된다는 정치적 올바름만으로는 부족하다. 사실 해결책은 간단하다. 언캐니하게 느끼지 않으면 된다.

나와 다른 몸의 타자를 어떻게 대할 것인가는 오래된 문제이면서 새로운 문제다. 4차 산업혁명과 포스트휴먼 시대 이전부터 존재해온 다른 몸의 타자들, 그들은 주로 장애가 있는 몸, '정상'이 아닌 몸, 여성의 몸, 유색인종의 몸, 동성에 끌리는 몸 등을 가지고 있었다. 이제 그들은 과학기술의 힘으로 장애와 '비정상', 그리고 차이를 제거하거나 극복할 수 있게 되었다. 물론 그들 중 일부는 성공하거나 실패하지만, 대부분은 성공인 동시에 실패이기도 한 몸과 삶을 갖게 되었다. 앞으로도 그럴 것이다.

　실패한 몸을 동정하거나 조롱하고 성공한 몸을 찬양하거나 질투하는 이분법 아래에서 몸은 둘 중 하나에 속하여 과대 재현되거나, 둘 중 어디에도 끼지 못하고 침묵하게 된다. 이것은 이 이분법을 깨는 이야기들이 더 많이 나와야 하는 이유이고, 더 다양하고 많은 '괴물'을 더 자주 만나야 하는 이유다. 성공과 실패의 이야기가 아니라 성공과 실패 어디쯤에서 느끼는 불안과 희망이, 성공과 실패를 끊임없이 오가는 삶을 유지하고 개선하기 위한 노동과 실천이 이야기되어야 한다. 그러한 이야기 속에서 어쩌면 몸은 차이의 근원이면서도 서로 다른 존재들을 묶어주는 유일한 보편적 존재가 될 수 있을 것이다.

　몸의 보편성은 인간이라면 누구나 몸을 가지고 있다는 자명한 사실에서 출발한다. 모두가 몸을 가지고 있으며 21세기 현대사회에서는 그 어떤 몸도 순수할 수 없기에 우리는 모두 포스트휴먼이다. 그러니 포스트휴먼 시대의 에티켓은 자기와 다른 몸을 가진 타자, 다양한 이유로 과학기술과 결합한 포스트휴먼 타자에 대한 시혜적인 존중이나 배려에서 나오는 것이 아니라, 자신 역시 포스트휴먼이라는 자각과 연대에서 나오는 것이리라.

살 선언 Flesh Manifesto

[트릭스터 몸 ──────────]

턱의 독백

수술실에서 그가 잠시 의식이 없던 시간 동안, 최 원장의 전기드릴이 저를 조각냈고 티타늄 판과 나사로 저는 다시 조여졌습니다. 상상이 되시나요? 최 원장은 그의 입을 통해 저를 둘러싼 피부를 열어젖혔어요. 아… 처음이자 마지막으로 제가 세상에 드러났던 순간이었죠. 그가 잠시 사라졌던 그 시간, 최 원장은 제가 의지할 수 있는 유일한 존재였어요. 그리고 다시 오지 않을, 불안과 두려움이 없었던 유일한 순간이었죠. 수술이 끝나고 일일이 다 말할 수 없는 고통과 증상, 감각들이 찾아왔다가 사라졌습니다. 지금도 모두 다 사라진 건 아니고 앞으로 또 언제 어떤 일이 벌어질지 모르는 그런 종류의 것들이죠. 수술 후 두 달 동안 그리고 지금까지 그는 행복했고 뿌

듯했지만 그만큼, 아니, 그보다 조금 더 불안하고 우울하고 두려워했어요. 그는 수술을 하고서야 저의 존재를 깨달았습니다. 저는 뼈이고, 근육이고, 신경이고, 연조직이지만 동시에 그 이상의 존재라는 걸 말이죠. 그에게 사실상 존재하지 않았던 저는 수술 후에 비로소 존재하게 되었습니다. 기쁨이 오래 지속되지는 않았어요. 그에게 제가 언제나 사랑스러운 존재는 아니란 걸 곧 깨달았죠. 제가 대체로 말을 잘 듣기는 하지만 항상 그럴 수야 없잖아요. 최 원장이나 그는 저의 모습이나 상태를 예측하고 통제하고 싶어 해요. 그들이 저에게 바라는 건 언제나 그런 것들입니다. 그들이 원하는 대로 내가 변하기를, 그들이 원하는 대로 제가 움직이기를. 제가 그들이 원하는 대로 존재해야 그들은 비로소 만족과 행복을 느끼는 것 같아요. 그런데 저는 가끔 그들이 저를 잘 모른다는 생각이 들고, 잘 이해하려고 하지조차 않는다는 생각마저 듭니다. 저로서는 그들의 허황된 기대를 무조건 들어줄 수는 없는 노릇이고 또 가끔은 이런저런 사정으로 들어주고 싶어도 들어줄 수 없는 상황이 되어버립니다. 음… 제멋대로 구는 골칫덩어리가 된 것 같은 기분이네요. 그렇지만 그게 존재한다는 것의 의미 아닌가요? (얀 토마셰프스키Jan Tomaszewski 감독, 《강남 스타일》Gangnam Style(대전문화재단, 2019)의 스크립트 중 일부를 발췌·수정)

내 몸은 내 것이면서 또 내 것이 아니다. 성형수술의 과정 내내 내 몸은 나에게 그런 존재였다. 내 것이기에 내가 원하는 대로 바꿀 수 있다는 사실에 가슴이 뛰었고 그 변화의 과정에서 모든 감각과 고통, 불안, 그리고 책임이 나만의 것이라서 외로웠다. 그러나 내 몸을 온전히 내 뜻대로 움직이거나 나조차 완벽하게 이해할 수 없다는 의미에서 그것은 내 것이 아니었다.

성형수술은 내가 수십 년 동안 내 몸과 맺어온 관계를 뒤흔드는 사건이었고, 나는 내 몸과 새로운 관계를 맺기 위해 수많은 협상을 해야 했다. 그 협상의 과정에서 내 몸은 내 뜻에 저항하기도 하고 내 뜻에 순순히 따라주기도 했다. 어떤 몸은 갑자기 나타났다가 사라지고 또 어떤 몸은 아무리 노력해도 꿈쩍하지 않다가 어느새 슬며시 사라지기도 했다. 마치 나를 놀리기라도 하듯이 말이다.

물론 의학은 이 협상에서 내게 큰 힘이 되어주었다. 나는 의사의 지시대로 항생제를 복용하고 수술 부위를 소독했고 결국 염증과 같은 합병증은 나타나지 않았다. 그러나 의학이 내 몸의 모든 변화를 예측하거나 통제할 수 있는 것은 아니다. 눈에 보이는 몸 역시 마찬가지다. 휴대전화로 찍은 무수한 셀카 속에, 하루 종일 눈을 떼지 못했던 거울 속에, 혹은 다른 사람들의 시선 속에 존재하는 내 몸은 나의 의지나 바람과는 무관하게 때로는 예쁘고 때로는 수술 전이나 별다를 게 없으며 또 때로는 이상한 몸이었다.

트릭스터trickster. 사전에는 사기꾼이나 협잡꾼이라고 나와 있다. 트릭스터는 마냥 착하거나 약한 존재는 아니지만, 그렇다고 절대적으로 강하거나 악한 존재도 아니다. 동물의 세계에서 코요테처럼 말이다. 도나 해러웨이Donna Haraway는 세계의 행위성을 미국 원주민 신화 속 존재인 트릭스터로 묘사한다. "우리가 속임을 당할 것임을 알면서도 지배를 포기하고 신의 있는 관계를 맺기 위해 노력"(Haraway, 2013: 199)해야 하는 대상이라고 말이다. 나는 성형을 하고 나서야 비로소 트릭스터가 무엇을 의미하는지 알게 되었다. 알다가도 모르겠고, 익숙하다가도 가끔 낯설고, 말을 잘 듣다가도 제멋대로인 몸, 그것을 표현할 수 있는 유일한 단어가 나에게는 트릭스터다. 해러웨이는 "세계의 행위성을 인정한다는 것은 세계의 독립적인 유머 감각과 같은 어떤 불안한 가능성에 여지를 두는 것이다"(Haraway, 2013: 199)라고도 했다. "독립적인 유머 감각"과 "불안한 가능성"이라니, 몸의 행위성에 대한 이렇게 정확한 묘사라니.

신유물론이 국내외 학계를 휩쓸고 있는 지금 몸의 힘은 행위성보다는 물질성으로 더 자주 일컬어진다. 몸의 물질성materiality이란, 내가 앞서 '제멋대로인', '이상한', '낯선', '내 것이 아닌' 등으로 표현한 몸의 속성을 포괄하는 용어다. 몸은 추상화된 개념이나 허구적 상상물이 아니라 실재하는 물질이다. 이 '물질성'이라는 용어는 물질로서의 몸이 그 몸의 주인으로 간주되는 인간 정신에 완전히 종속되지 않는 그 자체의 힘을 가지고 있음을 강조하기 위해 사용된다. 『물질 페미니즘』Material Feminisms을 편집한 신유물론 학자인 스테이시 앨러이모Stacy Alaimo와 수전 헤크먼 Susan Hekman은 몸의 물질성과 그것을 이야기하는 것의 중요성을 아래와 같이 서술한다.

> 그 자체로 활동적이고 때로 저항적인 힘인 몸의 물질성에 대해 우리가 말할 방식이 필요하다. 여성은 몸을 갖고 있고, 이 몸들은 쾌락과 마찬가지로 고통도 갖는다. 여성들은 질병 또한 가지며, 질병은 여성의 몸을 치료하거나 치료하지 못할 수도 있는 의학적 개입을 받게 된다. 이 몸들과 그것들이 깃들어 사는 물질성에 대해 말할 방식이 우리에게 필요하다(Alaimo, 2008: 4).

앨러이모와 헤크먼이 규정한 몸의 물질성인 "그 자체로 활동적이고 때로 저항적인 힘"은 해러웨이가 세계의 행위성으로 일컫은 "독립적인 유머 감각과 같은 어떤 불안한 가능성"과 일맥상통한다. 버라드의 표현을 빌리자면, 몸과 정신은 선험적으로 구분되는 존재가 아니라, 내부 작용의 효과로 사후적으로 분리되는 존재다(Barad, 2007). 추한 몸, 장애가 있는 몸, 여성의 몸 등이 미추, 장애, 성별 등의 의미 이전부터 그와 같이 존재했다고 볼 수는 없다. 그러나 그렇다고 해서 몸이 의미와 개념 이전에는 실재하지 않는다고 말할 수는 없다. 여성 혹은 남성으로 호명되기 전부터 난자와 정자, 수정란, 태아라는 물질은 존재한다. 이러한 물질들은 의미의 체현을 기다리는 수동적인 존재가 아니다. 물질은 그 자체로 활성과 저항력을 갖는 트릭스터다. 트릭스터 이야기는 '몸의 물질성'에 대한 이야기이며, 그것은 '(차이를 가진) 몸이 어떻게 사회적으로 구성되는가'나 '몸이 어떻게 의미를 체현하는가'를 보여주는 이야기와는 다르다.

[몸의 이야기에서 살의 이야기로 ────────────]

나는 꽤 오랫동안 이렇게 생각해왔다. 몸에 집중하고 몸의 이야기를 하고 더 많은 몸을 이야기로 연결시키는 것이 연구자인 나의 임무라고. 나와 다른 몸을 가진 이들의 이야기 속에서 나의 이야기가 연결되는 무수한 지점들을 찾아내며 내가 틀리지 않았음을 확인했고, 급기야 몸이야말로 서로 다른 존재들을 연결시키는 유일한 보편 존재가 아닐까 하는 생각도 했다. 게다가 최근 신유물론이라고 불리는 탈인간중심주의적인 사유 속에서 '물질로의 전환'이

214

일어나며 많은 이가 몸의 물질성에 주목하기 시작했다. 반가운 일이었다. 나의 이야기에 하나의 언어가 더 추가되었다. 나는 몸의 의미나 몸에 대한 지식이 아니라 몸 그 자체, 물질로서의 몸에 대해서 말하고 싶은 것이었다.

물질로서의 몸이라는 개념, 몸의 물질성 개념에도 한계가 있다. 무엇으로 수식하고 한정해도 몸은 의미에서 벗어날 수가 없어 보인다. "의미를 체현하는 육체(몸)"라고 번역되는 주디스 버틀러의 책 제목처럼 몸은 이미 그 자체로 의미를 체현하고 있어서 유머 감각이든 불안이든 어떤 독립적인 가능성도 허락하지 않는 것처럼 보인다. 대개 몸의 물질성은, 몸이라는 물질은 의미를 담는 그릇에 그치는 것이 아니라, 의미가 물질과 함께 만들어지거나 물질을 결정할 수도 있다는 정도로 받아들여지는 것 같다. 이전에는 몸이 정신을 담아내는 도구로 간주되어 인간에 대한 사유에서 아예 논외가 되었다면, 이제는 정신과 함께 만들어지는 중요한 재료로 비중 있게 다루어지게 되었다는 정도의 변화랄까.

이제 나는 몸 대신 '살'flesh의 이야기를 하고자 한다. 국어사전에서 살은 "사람이나 동물의 뼈를 싸서 몸을 이루는 부드러운 부분"이라고 풀이된다. 물론 내가 말하는 살은 이 사전적 의미를 넘어선다. 살에는 인체의 기본적 생명 유지 기능을 담당하는 소화기, 비뇨기, 순환기, 호흡기 등이 포함된다. 뼈와 혈관, 신경계 등도 살이다. 인체 해부학 교과서에서 볼 수 있는 것을 모두 떠올려도 좋다. 여기까지만 보면 살에 대해서 이야기할 수 있는 자격과 권위는 의료인에게 있는 것처럼 보인다. 그러나 내가 주목하는 살은 살아 있는 몸으로 실재하기에 늘 인간의 경험과 감각, 인지와 함께한다. 환자의 입장에서 살은 해부도처럼 시각적으로 대상화할 수 없을 뿐만 아니라, 의식이 깨어 있다고 해서 언제나 경험하고 감각하거나 인지할 수 있는 것은 아니다. 턱의 붓기와 멍, 막힌 코, 더부룩한 위, 갑작스러운 혀의 통증. 살은 이렇게 존재한다. 그것은 몸과 달리 성별, 인종, 나이, 장애 여부 등으로 범주화되지 않는다. 몸이라는 물질-기호가 되기 전의 몸이랄까. 따라서 살은 아직 어떤 의미도 갖지 못하고 일종의 '저항' 혹은 '잘못된 등장'dys-appearance으로서만 그 실재함을 입증한다.

나의 작아진 턱에 대하여 몸의 이야기를 쓴다면 한국 사회에서 여성의 작은 턱이 갖는 의미를 빼놓을 수 없을 것이다. 몸은 의미로 가득 차 있다. 몸의 차이가 정체성의 근거가 되기에 몸의 이야기는 정체성의 이야기다. 더 정확하게 말하자면, 몸이 먼저 존재하고 그것을 근거 삼아 정체성이 만들어진다기보다는 반대로 정체성이 몸을 만드는 이야기일 것이다. 여성이라는 사회적 정체성이 여성의 몸을 만들고, 장애라는 사회적 범주가 장애라는 신체적 차이를 만드는 이야기. 그것은 복잡하고 다층적인 이야기가 될 것이다. 그리고 같은 성별, 같은 인종, 같은 나이대, 같은 신체적 기능을 가진 사람들 간의 소속감과 연대감을 만드는 이야기가 될 것이다.

우리는 이미 훌륭한 몸의 이야기, 강력한 몸의 이야기를 많이 가지고 있다. 여성학이나 장애학 등이 대표적이다. 물론 주로 서구 백인 남성들이 철학이라는 이름으로 줄줄이 써온 정신의 이야기에 비하면 아직 한참 부족하지만 말이다. 반면 살의 이야기는 몸의 이야기만큼도 쓰이지 않았다.

살의 이야기는 언뜻 질병이나 장애 경험에 대한 이야기처럼 보인다. 개인이나 사회가 부여하는 의미와 기대에 부합하지 않는 몸에 대한 이야기라고 하면 주로 질병을 치료하는 과정이나 아픈 채로 혹은 장애를 가진 채로 살아가는 이들의 서사를 떠올릴 것이다. 그중에서도 특히 개인이 느끼는 몸의 변화, 몸의 감각으로서의 아픔이나 고통, 몸이 변화하는 과정에서의 불안과 두려움 그리고 우울 등에 대한 이야기라면 살의 이야기에 가깝다.

하지만 살의 이야기가 꼭 부정적인 정동의 이야기인 것은 아니다. 그 작은 알약 하나가 뭐라고 우울증약을 먹으면 삶의 의욕이 생긴다. 남들이 보기에는 다를 바가 없지만 보정속옷을 입어 가슴이 커 보이는 것과 가슴에 보형물을 넣는 것은 완전히 다르다. 혹은 가슴을 제거하는 수술을 받아 평평해진 가슴에 평범한 티셔츠를 입고 더할 나위 없는 행복을 느낀다는 할리우드 여배우도 있다.

살의 변화가 불러일으키는 정동은 다양하다. 그리고 그 정동은 정치적 신념이나 이데올로기, 사회적 의미 등에 완전히 포섭되지 않는다. 많은 경우 살의 이야기는 가부장제 이데올로기에 순종하는 몸, 인종주의적 시선을 통과하는 몸, 젠더 신화에 갇힌 몸의 이야기처럼 읽힐 수도 있다.

그러나 여성으로 태어났지만 남성으로 정체화되기를 원하는 여성에게는 여성의 표식이 되는 살을 제거하고 얻는 행복이 있을 것이다. 왜 어떤 여성은 남성이 되고 싶어 하는지, 혹은 가슴을 없애고 싶어 하는지, 그 동기에 대한 의미와는 별개의 문제다. 그리고 나는 그 여성의 살의 이야기에 젠더 정체성과 일치하는 몸을 갖게 된 만족감'만'이 있지는 않으리라고 확신한다. 수술 부위는 잘 아물었는지, 회복 기간에는 어떻게 생활했는지, 아프지는 않았는지, 수술 전에는 생각해보지 않던 문제가 생기지는 않았는지, 전에는 꾸지 않던 꿈을 꾸게 되지는 않았는지 나는 이런 것들이 궁금하다. 살의 이야기는 거기에서부터 시작이다.

꼭 그걸 부연설명을 해요. 수술했다고 얘기를 하고 그냥 거기서 끝내면 되잖아요. 근데 "어 왜 했냐면"이라고 하고는 그다음 부연설명이 들어가는 거예요. 그러니까 나한테 이런 필요가 있었기 때문에, 어쩔 수 없이 할 수밖에 없었다는 식으로 어필을 하는 거죠. 사람들이 흔히 말하듯이 내가 못생겨서 예뻐지려고 성형을 했다는 오해를 사지 않기 위해서. 단순히 예뻐지기 위해서 수술을 하는 거에 대해서는 나도 뭔가 모르게 부정적인 견해가 있으니까, 내가 그런 사람이 되지 않기 위해서, 나는 필요에 의해 수술을 했다는 부연설명을 붙이는 것 같아요.

나는 미경 씨가 근무하는 초등학교의 양호실에서 미경 씨를 두 시간째 인터뷰하는 중이었다. 인터뷰가 막바지에 다다르면서 수술 후 변화에 대한 주변 사람들의 반응을 물었다. 그러자 미경 씨는 자신을 질투했던 한 언니에 대한 이야기를 꺼냈다. 그 언니는 미경 씨가 예뻐졌다는 말을 한마디도 하지 않았다고 한다. 대신 처음 만난 제3자에게 굳이 미경 씨가 성형수술을 받았다는 사실을 먼저 알린다거나 "이제 돈 좀 그만 들여"라며 대놓고 타박을 했다고 한다. 그날 나와 인터뷰를 시작하면서도 내가 질문을 하기도 전에 미경 씨는 "정말 필요에 의해 [성형수술을] 한 거"라는 점을 거듭 강조하며, 치과를 방문했다가 결국 양악수술까지 하게 된 계기를 구구절절 설명했다.

몸의 이야기가 '왜'의 이야기라면, 살의 이야기는 '어떻게'의 이야기다. '왜'의 이야기와 '어떻게'의 이야기는 다른 목적과 소용을 갖는다. 미경 씨는 성형의 의학적 필요성과 심미적 필요성을 구분하고, 본인의 성형수술은 전자에 의한 것임을 강조했다. 성형수술을 선택하는 여성들이 외모차별을 피하기 위한 전략으로 가부장적 미의 규범에 순응한다는 식의 몸의 이야기가 만들어낸 결과다. 혹은 결혼이나 취업 등을 위해 자기계발의 일환으로 성형수술을 하고 외모 자본을 획득하려 한다는 식의 몸의 이야기가 만들어낸 결과다.

미경 씨는 그런 이야기들을 알고 있기에 예뻐지기 위해서가 아니라 치료를 위해 성형수술을 한 것이라는 점을 내내 강조했다. 그조차도 문제시하는 몸의 이야기가 나온다면, 그는 또 다른 부연설명을 하게 될지도 모른다. 그런 미경 씨에게 성형수술을 왜 했는지 묻는 사람은 미경 씨의 아는 언니와 별다를 바가 없는 사람이다. 내 인터뷰가 그로 하여금 또 한 번의 구구절절한 설명을 하게 만들지 않았던가. 그리고 보면 그때의 나와 그 '아는 언니'는 모두 미경 씨의 살에는 관심이 없었다. 성형수술을 '왜' 했는지에 관심이 있었지, 그렇게 한 성형수술이 어땠는지에 대한 관심은 없었던 셈이다. 우리는 자기 문제를 푸는 데에만 골몰해 있었다! 우리는 우리가 관심 있는 의미를 체현하는 몸에만 관심이 있었다! (의사 및 의료인들은 예외다.)

몸의 이야기는 여전히 의미가 크다. 그것은 사회적으

로 의미 있는 정체성을 가진 이들을 이해하고 그들의 문제를 해결하게 해주는 자원이다. 따라서 몸의 이야기가 차이와 다양성에 대한 이야기라면, 살의 이야기는 그 다양한 차이를 연결해주는 보편의 이야기다. 성형수술을 받은 사람, 호르몬치료를 받은 사람, 장애를 가진 사람은 모두 다른 이유로 과학기술을 동원하여 몸과 협상을 한다. 누군가는 그들을 비판하고 조롱하지만 또 누군가는 그들을 지지한다. 그들의 살은 만족과 불안, 기대와 두려움 등으로 연결되어 있기에 공유하는 문제가 생겼을 때, '몸의 차이'를 가로지르는 연대를 통해 과학기술의 실천이나 제도 등에 개입하고 개선을 시도해볼 수 있다. 몸을 원하는 대로 바꾸려는 노력 대신 다른 것을 바꾸는 방법을 모색해볼 수도 있는 것이다.

[다양한 몸을 연결하는 보편적인 살 ────────]

성형수술에서 포스트휴먼으로 그리고 결국 살로. 도나 해러웨이는 자신을 포스트휴머니스트가 아니라 컴포스트-이스트compost-ist, 즉 '퇴비주의자'라고 말한다. 첨단기술과 몸이 결합한 사이보그가 아니라, 미생물들과 뒤섞여 있는 흙을 봐야 한다고 말이다.

4차 산업혁명, 인공지능, 인간 향상의 시대인 21세기에 냄새나는 퇴비라니! 퇴비를 만드는 풀, 낙엽, 잡초, 그리고 동물의 배설물 중 어느 것 하나 하찮지 않은 것이 없다. 그러나 그 하찮은 존재들에서 새로운 생명이 싹튼다. 살도 그렇다. 살은 피부만을 말하는 것이 아니라, 가장 물질적인 차원의 몸을 뜻한다. 숨 쉬고 소화하고 배설하는 몸. 여성, 남성, 백인종, 유색인종, 장애인, 비장애인, 성소수자, 그 누구든 숨 쉬고 소화하고 배설하는 몸으로 산다.

성형수술과 같은 기술적 개입은 정체성을 변화시키기 이전에 그들의 살을 변화시킨다. 피부가 잘리고 꿰매어지며, 뼈가 잘려 나가기도 하고 나사로 다시 고정되기도 하며, 호르몬 수치가 달라지기도 한다. 때로는 흉터가 남고 나사가 튀어나오기도 하고 구토가 나거나 여드름이 생기기도 한다. 비보험 의료시장에서 이 살들의 저항과 원치 않은 출현에 대응하여 원하는 몸을 만들 책임은 모두 개인에게 지워진다. 페미니즘은 여성들이 '왜' 성형미인이 되는지를 잘 설명해주지만, '어떻게' 성형미인이 되는지까지 말해주지는 않는다. 페미니즘이 선택 후에 사라지듯 의학은 수술 후에 사라진다. 그 이후 회복의 과정과 새로운 몸으로 살아가는 과정은 환자의 몫이다.

동맥경화증을 연구한 네덜란드의 과학기술학자이자 의료인류학자인 아네마리 몰Annemarie Mol은 병원 현장연구를 통해 의학 분과, 검사 도구, 진단이나 치료 방법 등에 따라 질병이 다르게 실행되며, 이렇게 다수로 존재하는 질병이 한 환자의 질병이 되기 위해서 다양한 방식의 '조정'coordination이 이루어짐을 보인 바 있다(몰, 2022). 하나의 이름을 가진 질병이 의학 분과, 검사 도구, 진단이나 치료 방법에 따라 다르게 구성된다고 말하는 것은 상대적으로 쉽다. 어려운 것은 그것들을 어떻게든 조정해서 하나의 몸을 가진 환자를 낫게 하는 것이다. 여러 개의 진단 중 선택해야 할 수도 있고 여러 치료법을 모두 시도하는 경우도 있을 것이며, 여러 검사 결과를 그중 하나로 번역해서 결론을 내릴 수도 있다. 여러 개의 질병, 여러 개의 몸을 그대로 두고 그 다양성을 즐기는 것은 환자가 아닌 이들의 특권일지 모른다. 환자의 몸은 다중적이지만, 하나다. 성형수술이 끝난 후 나에게 주어진 임무가 바로 이 '조정'이었다. 조정은 병원 안에서 끝나지 않는다.

성형미인이라는 하나의 몸을 갖기 위해 내가 해야 했던 일은 획일화된 미의 기준에 대한 비판도 아니었지만, 얼마나 예뻐졌는지를 객관적으로 측정해주는 검사도 아니었다. 자질구레하지만 진 빠지는 일들, 해본 사람들만 아는 그런 종류의 일들이었다. 어떤 이들의 수술한 살을 조정하는 일은 그들의 아내나 어머니에게 맡겨지겠지만 기껏 예뻐지자고 수술을 선택한 이들의 살을 조정할 이는 그 자신뿐이다. 조정은 수술이나 치료 후 원하는 몸이 되기 위해 살과 관련된 문제를 해결하고 대응하며 관리하는 일들이다. 살의 이야기는 트릭스터의 이야기이며, 조정의 이야기다. 그리고 외로움에 대한 이야기였다. 그 외로움을 걷어내면 회복에 필요한 지식과 실천뿐 아니라, 수술의 실제 효과와 의미에 대한 이야기가 드러날 것이다. 내가 나의 살 이야기, 나의 조정에 관한 이야기를 쓰는 이유이기도 하다. 그런 의미에서 성형외과 실장을 부르는 또 다른 이름인 '코디네이터'(조정자)는 의미심장하다. 사실 우리는 이미 많은 곳에서 중요하면서도 자질구레한 일들을 하는 이들을 조정자라고 불러왔다. 내가 '임 코디(네이터)'가 된 것이 운명처럼 느껴진다.

　성형수술은 과학기술의료의 문제이자, 몸의 살의 문제다. 성형수술의 문제는 치료와 치유의 문제이자, 인간 향상의 문제이기도 하다. 향상과 치료의 과학기술은 정상이라는 이름의 획일화된 기준에 맞는 몸을 양산하기에 몸의 다양성을 감소시키는 것으로 여겨진다. 치료가 아닌 향상을 위한 과학기술은 우생학적 도구로 의심받기도 한다. 돈이 많은 자가 더 향상된 몸을 가질 수밖에 없는 사회는 공정하지 않다고도 비판한다.

　그러나 이 모든 의심과 우려와 비판은 그러한 과학기술이 개입하지 않는 몸을 가진 이들의 것이다. 과학기술은 트릭스터 몸을, 활성과 저항을 가진 살을 완전히 통제하지 못한다. 획일적인 미인을 양산하는 성형수술은 때로 괴물을 만들어낸다. 그리고 성형의료산업은 돈이 적은 자들도 성형수술을 받을 수 있는 방법을 고안해낸다. 버라드의 표현대로, 존재론과 인식론과 윤리는 따로 떨어져 있지 않다 (Barad, 2007). 과학기술이 개입한 몸을 가진 이들은 다른 인식론과 다른 윤리로 존재한다. 향상된 인간은 다른 걱정과 다른 불안, 다른 지식을 갖는다.

1980년대 사이보그 선언을 썼던 도나 해러웨이는 서구 백인 여성이지만 선언문 속의 사이보그는 유색인종 여성으로 등장한다. 21세기 '살 선언'을 쓰고 있는 나는 스스로 기술과 결합한 성형수술 대국 한국의 여성으로서 그에 대한 책임을 지고자 나의 이야기를 한다. 몸은 차이를 보는 이들의 언어다. 사이보그를 몸과 기술의 결합으로 보면 결합의 과정이 아닌 결합의 결과가 가시화되어 연대의 기반이 약해진다. 성형수술을 받은 사람과 장애 기술을 이용한 사람의 몸이 보여주는 차이, 치료가 필요한 몸과 향상을 원하는 몸의 차이를 부각하는 것은 이 둘 간의 연결을 어렵게 한다. 도나 해러웨이의 사이보그가 포스트휴먼 논의로 이어지며 철학적이고 윤리적인 주제가 된 이유이기도 하다. 많은 사람이 지금 이 순간에도 기술과 결합하고 살과 '신의 있는 관계를 맺기 위해 노력'하고 있을 것이다.

사이보그는 살과 기술의 결합이다. 살은 다양한 차이를 가진 사이보그를 연결해주는 보편성을 갖는다. 사이보그의 이야기는 사이보그를 대상화하는 '그들'의 이야기가 아니라, 사이보그가 되어가고 사이보그로 살아가는 '우리'의 이야기가 되어야 한다. 그러기 위해서 나는 몸보다는 살을 이야기하겠다.

선택 이후의 삶

설아 씨는 최 원장에게서 양악수술을 받은 20대 여성이었다. 설아 씨의 수술 전 모습이 어땠는지는 전혀 기억이 없다. 상담이나 수술을 받으러 오던 설아 씨는 그리 기억에 남을 만한 특이한 환자가 아니었다. 그러나 수술이 끝나고도 한참이 지난 언젠가부터 설아 씨는 청담 성형외과에서 모두가 아는 환자가 되어 있었다. 수술 부위에 심한 염증이 생겨 다시 병원을 찾아왔기 때문이다.

그날의 기억은 어제의 일처럼 생생하다. 하얗고 작은 얼굴로 침울하게 대기실에 앉아 있던 설아 씨. 드레싱룸 처치대 위에 누운 설아 씨의 눈가를 타고 흘러내리던 눈물 줄기, 그리고 항생제 치료를 위해 설아 씨의 볼에 쑤욱 들어가 박히던 큰 주삿바늘. 만약 나라면 어땠을까? 예뻐지려고 수술을 했는데 수술 부위에 염증이 생겨서 치료를 받

227

으면 어떤 마음일까? 아픈 것도 아픈 거지만 수술을 괜히 했다는 후회, 그리고 나의 허영심에 대한 자책과 자기비난 때문에 괴롭지 않을까? 설아 씨와 똑같은 수술을 계획하고 있던 나에게는 결코 남의 일일 수 없었다.

내가 성형수술을 받은 당사자이면서 성형수술 연구자이기도 하다는 사실은 나에게 피해야 하는 연구 윤리의 문제이거나 연구를 어렵게 만드는 방법론의 문제가 아니었다. 이 얽힘은 나의 연구의 핵심이고 정수다. 나는 성형수술을 받은 그리고 받을 수도 있는 여성들에게 자원이 되는 연구를 하고 싶었다. 염증의 고통과 재수술에 대한 두려움으로 괴로워하는 설아 씨에게 내가 연구자로서 무엇을 해줄 수 있을까? 아파서 한 수술이 아니라 예뻐지고 싶어 한 수술이 잘못되어서 힘들어하는 여성에게는 어떤 말과 글이 필요할까? 내가 어떤 연구를 해야 성형수술로 고통받는 환자들에게 도움이 될까? 나도 성형수술을 하게 되면서 내 연구는 결국 나 자신을 위한 연구가 되었다.

선택 아닌 선택. 성형수술에 대한 페미니스트적 분석에서 선택은 결코 순수하지 않다. 여성들은 화장, 성형수술을, 다이어트를 선택하지만 그것은 절대로 자유로운 선택이 될 수 없다. 잘해야 자구책, 즉 구조를 바꾸는 대신 자신을 바꾸는 것으로 삶을 개선하려는 선택이다. 『참을 수 없는 몸의 무거움』*Unbearable Weight*에서 수전 보르도

Susan Bordo는 자신의 다이어트 경험을 털어놓으며 그것이 여성 억압에 공모하는 행위였노라고 인정했다(보르도, 2003). 그다음은? 나는 그다음이 궁금했지만 더는 아무것도 찾을 수 없었다. 나는 선택 이후 여성의 삶이 궁금했다. 특히 페미니스트적이지 않은, 가부장적 외모지상주의에 순응하는 선택을 한 여성의 삶. 보르도가 체중 감량을 어떻게 했는지, 그 과정과 결과는 어떠했고 그 이후의 삶은 어떠했는지 궁금했다. 왜 아무도 그에 대해 말하지 않지? 어째서 세상은 여성들이 성형수술을 '왜' 하는지에만 관심이 있고, '어떻게' 하는지에 대해서는 관심이 없지? 어째서 많은 연구가 성형수술의 동기에만 관심이 있고, 성형수술의 과정과 결과에는 관심이 없지?

그날부터 이틀 후 설아 씨는 재수술을 받았다. 수술에 들어갔던 유 간호사에 따르면 그의 염증 상태는 꽤 심각한 편이어서 "귤껍질" 같은 염증 부위를 제거하고 나니 피부가 모자라 간신히 봉합을 마쳤을 정도라고 했다. 한동안 설아 씨에 대한 걱정으로 전전긍긍했던 의사와 병원 직원들은 그녀가 재수술 후 점점 나아지는 모습을 보이자 안도했다. 치료가 완료될 무렵에는 병원에서 그에 대한 이야기도 점점 사라져갔다.

나는 설아 씨를 위해, 나를 위해 어떤 연구를 해야 할까? 보르도가 인정한 바와 마찬가지로, 나의 성형수술 역시 여성을 억압하는 산업에 공모하는 것이었다. 결혼을 잘 하고 취업을 잘하기 위해서 성형수술을 한 것이 아닐지라 도 나의 선택에는 변명의 여지가 없다. 그럼에도 과학기술 학 연구자로서 나는 보르도와 다른 길을 걷고 싶었다. 아 니, 보르도가 멈춰선 곳에서 출발하고자 했다. 그렇게 선 택했던 성형수술의 과정이 어떠했는지, 성형수술을 선택 한 여성들의 경험은 어떠한지 말하고자 했다.

결국 나의 이야기는 성형수술이 마법 같은 변신술이 아니라는, 뻔한 사실을 보여줄 뿐인지도 모른다. 맞다. 그 러나 나는 그 사실을 의료사고나 잘못된 성형수술의 사례 로 보여주고자 하지 않았다. 그런 예외적인 사례가 갖는 힘은 언뜻 강해 보이지만 사실 아주 약하다. 기껏해야 겁 을 줄 수 있을 뿐이다. 설아 씨의 염증을 옆에서 지켜본 나 조차도 이 사건 때문에 성형수술을 하기로 한 나의 결정을 번복하지는 않았다. 실패한 성형수술이 예외라면, 내가 그 예외에 해당하지 않을 거라고 생각하면 그뿐이기 때문이 다. 그보다는 '성형수술로 쉽게 미인이 될 수 없음'이 예외 가 아니라 규칙임을 보이고 싶었다.

'기술로 바뀐 몸'은 기술을 선택하고 소비한다고 해서 가질 수 있는 것이 아니다. 선택 이후가 중요하다. 기술이 개입한 살을 어떻게 조정할 것인가가 관건이다. 성형수술 의 이야기가 몸을 바꾸는 기술 일반의 이야기가 될 수 있고 되어야 하는 이유다. 한국 여성의 성형수술 이야기가 인간 향상 기술 이야기가 될 수 있고 되어야 하는 이유다. 우리는 자주 몸과 기술의 결합을 남성과 여성, 장애인과 비장애인, 치료와 향상, 순수와 세속 등으로 구분하여 다루지만, 살은 그렇게 구분되지 않는다. 향상 목적의 수술이라고 해서 치료 목적의 수술과 달리 감염이 안 되는 것도 아니고, 수술 중에 출혈이 없는 것도 아니다. 두 세계의 어디에 속하든 살은 활성과 저항을 갖는다. 남성의 성형이든 여성의 성형이든, 대학병원의 수술실이든 강남 성형외과의 수술실이든 완벽하게 통제되고 예측되는 기술은 없다.

살과 '신의 있는 관계'를 유지하기 위해 고군분투하는 개별 환자들의 삶이 더 진지하게 다루어질 때, 다양한 몸에 개입하는 기술이 개선될 수 있다. 한국 여성들의 몸을 바꾸려는 욕망과 경험이 한국 성형산업의 문제이거나 여성의 외모를 중시하는 문화의 문제라는 틀에만 갇혀서는 안 되는 이유다. 이 책이 성형수술에 대해 이야기하면서도 '한국', '여성', '아름다움'에 특히 집중해 이야기하지 않은 이유이기도 하다.

다만 한국이 성형 대국이라면, 한국 여성이 그토록 성형수술을 많이 해왔다면 기술과 몸의 결합에 대한 이야기를 가장 잘할 수 있는 이들은 한국 여성이라고 생각했다. 한국 여성이 살 이야기의 주인공이 되어서 말하는 것, 그럼으로써 한국 여성의 성형수술 이야기가 기술과 몸에 대한 보편의 이야기가 되도록 만드는 것, 그것이 이 책이 궁극적으로 지향하는 바다.

책이 나오기까지 오랜 시간이 걸렸습니다. 제 삶 그리고 제 '살'과 너무 얽혀버린 연구가 버거웠고, 어떻게 글로 써내야 할지 한참을(사실 지금도) 확신할 수 없었습니다. 그럴 때마다 저를 대신해 확신을 보여주셨던 분들께 이 자리를 빌려 감사의 인사를 전하고 싶습니다.

제가 청담 성형외과에 들어갈 수 있도록 도와주신 김종영 교수님은 그때부터 변함없이 제 연구를 지지해주셨습니다. 2014년 존경하는 과학기술학자 캐리스 톰슨Charis Thompson의 초청으로 런던정경대 사회학과에서 보낸 몇 달 동안 처음 현장과 멀리 떨어져 다른 감각으로 연구에 집중할 수 있었습니다. 같은 해 "불안한 아름다움: 성형수술, 현대 한국, 그리고 나"라는 제목의 제 연구가 프랑스의 인문과학재단으로부터 페르낭 브로델 국제 펠로우십을 받게 되면서 파리에 머무를 수 있었고 이때 여러 학자들과 교류하는 기쁨을 누렸습니다. 당시 저의 박사후 연구 지도교수였던 의사이자 의료인류학자 빈킴 응우옌Vinh-Kim Nguyen은 누구보다 제 연구를 잘 이해하고 지지해주셨습니다. 이 책을 꼭 보여드리고 싶습니다. 1년 남짓 파리에서 지내면서 제가 한국 성형수술 연구자라는 사실을 의심 없이 받아들이게 되었던 것 같습니다.

처음 박사학위 논문을 고쳐서 책을 내려다가 저를 더 드러낸 새로운 책을 쓰기로 계획을 바꿨습니다. 그러자 세상에 내 이야기를 내놓기가 두려워졌고 일정은 자꾸만 미뤄졌습니다. 이 모든 과정을 인내하며 묵묵히 이끌어주신 돌베개 출판사 편집부 김진구 님에게 감사함을 전합니다.

마지막으로 오랜 시간 참여관찰을 허락해주시고, 신뢰와 우정, 근심을 나눠주신 청담 성형외과의 원장님들, 실장님과 이사님들, 수술실 선생님들께 진심으로 감사드립니다. 여러분들이 없었으면 절대로 쓰지 못했을 책입니다. 이 책이 세상에 나오면 여러분들과 다시, 지금까지와는 또 다르게 얽히기를 두려움과 설렘으로 기대해봅니다.

참고문헌

· **본문에 언급하거나 인용한 문헌**

김초엽·김원영(2021), 『사이보그가 되다』, 사계절.

나윤경·태희원·노주희·장인자·이지은(2009), 「십대 여성의 외모 중심 인식을 추동하는 일상과 성형의료산업」, 『한국여성학』, 제5권 4호.

라투르, 브뤼노(2018), 장하원·홍성욱 옮김, 『판도라의 희망: 과학기술 학의 참모습에 관한 에세이』, 휴머니스트.

몰, 아네마리(2022), 송은주·임소연 옮김, 『바디 멀티플: 의료실천에서 의 존재론』, 그린비.

보르도, 수전(2003), 박오복 옮김, 『참을 수 없는 몸의 무거움: 페미니즘, 서구문화, 몸』, 또하나의 문화. [Bordo, Susan(1993), *Unbearable Weight: Feminism, Western Culture, and the Body*, Berkeley and London: University of California Press.]

손택, 수전(2002), 이재원 옮김, 『은유로서의 질병』, 이후.

신채기(2002), 「올랑의 '카널 아트': 포스트휴먼 바디아트로서의 몸」, 『현대미술사연구』 14호.

이수안(2017), 「테크노페미니즘으로 본 몸의 물질성과 감각의 확장: 오 를랑(Orlan)의 테크노바디를 중심으로」, 『한국여성학』 제33권 1호.

조윤경(2011), 「포스트휴먼과 포스트바디의 상상력: 오를랑의 작품을 중 심으로」, 『프랑스문화예술연구』 38호.

전혜숙(2016), 「경계의 해체와 혼성을 수행하는 미술가 오를랑」, 『미술 세계』 45호.

하미나(2021), 『미쳐 있고 괴상하며 오만하고 똑똑한 여자들: 이해받지 못하는 고통, 여성 우울증』, 동아시아.

『데일리메디』(2010. 1. 22): 「비성형외과 의사의 성형수술 부작용」.

_____(2010. 11. 6): 「성형외과, 여건 악화에 이미지까지 왜곡」.

『메디칼투데이』(2010. 8. 23): 「양악수술 '치과 VS 성형외과' 어디서 받아야 하나」(http://www.mdtoday.co.kr/mdtoday/index.html?no=138159).

『아이비타임즈』(2010. 10. 20): 「코성형은 코성형 전문병원에서…」.

『의협신문』(2009. 2. 16): 「위기의 외과 의사, '미용성형'에 도전하라」(http://www.doctorsnews.co.kr/news/articleView.html?idxno=52705).

Alaimo, Stacy, Susan Hekman eds.(2008), *Material Feminisms*, Indiana University Press.

Barad, Karen(2007), *Meeting the Universe Halfway*, Duke University Press.

Cassell, Joan(1986), "Dismembering the Image of God: Surgeons, Heroes, Wimps and Miracles," *Anthropology Today*, Royal Anthropological Institute of Great Britain and Ireland 2(2).

_____(1987), "On Control, Certitude, and 'Paranoia' of Surgeons," *Culture, Medicine, and Psychiatry* 11(2).

Clare, Eli(2017), *Brilliant Imperfection: Grappling with Cure*, Durham: Duke University Press.

Katz, Peal(1981), "Rituals in the Operating Room," *Ethnology* 20(4).

Haraway, Donna(2013[1991]), *Simians, Cyborgs, and Women: The Reinvention of Nature*, New York & London: Routledge.

_____(2016), *Manifestly Haraway*, Minneapolis &

London: The University of Minnesota.

Latour, Bruno(2005), *Reassembling the Social: Introduction to Actor-Network-Theory*, Oxford and New York: Oxford University Press.

Thompson, Charis(2005), *Making Parents: The Ontological Choreography of Reproductive Technologies*, Cambridge and London: The MIT Press.

Wynne, Brian(1988), "Unruly Technology: Practical Rules, Impractical Discourses and Public Understanding," *Social Studies of Science*, Vol.18.

· 필자의 관련 논문 및 글과 책

김환석 외(2020), 『21세기 사상의 최전선』. 이성과 감성.

임소연(2011), 「성형외과의 몸-이미지와 시각화 기술: 과학적 대상 만들기, 과학적 분과 만들기」, 『과학기술학연구』 11권 1호.

_____(2011), 「여성의 기술과학 실행에 대한 기술-과학적 방식의 생각하기: 바라드의 행위적 실재론적 관점에서」, 『과학기술학연구』 11권 2호.

_____(2014), 『과학기술의 시대 사이보그로 살아가기』, 생각의힘.

_____(2015), 「성형외과 상담실장의 역할과 그 의료윤리적 함의에 대한 민족지 연구」, 『한국의료윤리학회』, 18권 2호.

_____(2017), 「어떤 성형수술 후기: 내 것이면서 내 것이 아닌 나의 몸」, 『릿터』 8호.

임소연 외(2017), 『포스트휴머니즘과 문명의 전환: 새로운 인간은 가능한가?』, GIST 출판사.

임소연(2019), 「과학기술과 여성 연구하기: 신유물론 페미니즘과 과학기술학 안-사이에서 "몸과 함께"」, 『과학기술학연구』 19권 3호.

_____(2019), 「포스트바디? 휴먼바디!」, 『과학과 기술』 600호.

_____(2021), 「턱의 독백」, 『Cool』 6호.

_____(2021), 「몸의 물질성: 도나 해러웨이의 사이보그 다시 읽기」, 『몸의 철학』, 필로소픽.

_____(2021), 「신유물론과 페미니즘, 그리고 과학기술학: 접점과 접점의 접점에서」, 『문화/과학』 107호.

_____(2022), 『신비롭지 않은 여자들』, 민음사.

_____(2022), 「K-성형수술의 과학」, 『한편』 9호, 민음사.

김연화·성한아·임소연·장하원(2021), 『겸손한 목격자들: 철새·경락·자폐증·성형외과의 현장에 연루되다』, 에디토리얼.

이강원·임소연·하대청(2013), 「민족지 연구의 실험장으로서의 '위로의 연구(studyingup)': 세 현장연구 사례를 중심으로」, 『한국문화인류학』 46(2).

임소연·하대청·이강원(2013), 「민족지 연구의 장치로서의 반대: 세 현장연구 사례를 중심으로」, 『한국문화인류학』 46(3).

하대청·이강원·임소연(2015), 「재현적 증거에서 존재론적 증거로: 세 현장연구 사례를 중심으로」, 『비교문화연구』 21(1).

Leem, So Yeon(2016), "The Dubious Enhancement: Making South Korea a Plastic Surgery Nation," *East Asian Science, Technology, and Society: an International Journal*, 10(1).

_____(2016), "The Anxious Production of Beauty: Unruly Bodies, Surgical Anxiety, and Invisible Care," *Social Studies of Science*, 46(1).

Edmonds, Alexander & Leem, So Yeon(2021), "Making Faces Racial: How Plastic Surgery Enacts Race in the US, Korea and Brazil," *Ethnic and Racial Studies*, 44(11).

Leem, So Yeon(2017), "Gangnam-Style Plastic Surgery: The

Science of Westernized Beauty in South Korea," *Medical Anthropology*, 36(7).

Edmonds, Alexander & Leem, So Yeon(2021), "The Racial Politics of Plastic Surgery," in M. L. Craig(Ed.), *The Routledge Companion to Beauty Politics*, Routledge.